KB139023

송재환 쌤의 초4 국어교과서
따라쓰기 공부법

초4
국어교과서
따라쓰기 공부법

송재환 지음

글담출판

국어교과서 따라쓰기 공부법을
시작하는 부모님들에게

안녕하세요? 초등 교사 송재환입니다. 긴장하며 첫 수업을 시작한 게 엊그제 같은데 벌써 25년이 흘렀습니다. 흐른 시간만큼 자연스럽게 아이들의 모습도 예전과 많이 달라졌습니다. 아이들 특유의 순수함과 사랑스러움, 열정은 그대로이지만, 수업 진행이 옛날보다 어려워졌습니다. 기본 어휘력이 부족하니 어휘를 설명하려다 정작 설명해야 할 것을 놓치기도 하고, 무슨 글자인지 알기 어려워 시험 채점 때마다 곤욕을 겪는 일이 늘었습니다.

이는 요즘 아이들의 문제가 아니라, 글을 읽거나 직접 쓸 일이 옛날보다 현저히 적어졌기 때문입니다. 그렇기에 인위적으로라도 문장과 글에 시선을 오래 머무를 수 있도록 도와줘야 합니다.

읽고 쓰기에 약한 우리 아이,
독서만이 방법일까요?

독서가 좋은 건 모두 잘 아실 거예요. 하지만 그 효과가 드러나기까지 시간이 꽤 걸리는 것도 사실입니다. 이를 고민하는 분들에게 권해 드리는 것이 바로 '따라쓰기'입니다. 열 번 이상 읽는 것보다 한 번 따라 쓸 때 훨씬 책 읽기 효과가 크다는 것은 널리 알려진 사실이기도 해요. 글을 따라 쓰는 것이 맹목적인 행위인 것 같지만 실은 그 과정에서 오히려 집중력이 높아지고 내용 이해는 말할 것도 없고 표현력까지 높일 수 있습니다.

국어교과서를 따라 써봐요!
학교 공부까지 저절로 돼요!

아이들에게 가장 좋은 따라쓰기 책은 바로 교과서입니다. 자타가 공인하는 각계 전문가들이 아이들의 연령 수준에 맞게 좋은 글을 엄선하거나 직접 써서 실어 놓은 책이 바로 교과서입니다.

"선생님, 시험을 왜 교과서 아닌 곳에서 냈어요?"

4학년을 가르칠 때 국어 시험이 끝난 후 한 아이가 볼멘소리로 따지듯 물었습니다. 그 아이에게 모두 교과서에 나오는 지문이라고 했더니 그 아이는 고개를 갸우뚱거리며 미심쩍어했지요. 국어교과서를 학교 수업 시간 외에는 읽지 않았기 때문에 교과서 지문임에도 불구하고 생소하게 느낀 것이었습니다. 이런 경우 학원을 다니고 과

외를 받는다 해도 좋은 성적을 받기 어렵습니다.

교과서는 어떤 책보다 우선시 해야 하고 교과서를 반복해서 읽는 것이야말로 공부의 시작이라 할 수 있습니다. 특히 국어교과서에는 주옥같은 문학 작품이 실렸을 뿐만 아니라 전문가들이 쓴 좋은 글들이 즐비합니다.

하루 10분, 다섯 문장씩만
따라 써도 몰라보게 국어력이 좋아져요!

교과서 속 글들을 통째로 베껴 쓰면 좋겠지만 시간의 제약도 있고 초등학생들이 감내하기에는 너무 힘듭니다. 글에서 중요하고 대표적인 몇 문장을 선별해서 따라 써 보는 것만으로도 최선의 결과를 얻어 낼 수 있습니다.

하루 다섯 문장 쓰기면 충분합니다. 한두 문장만 따라 쓰면 문맥이나 글의 전개 방식을 이해하기 어렵습니다. 그렇다고 다섯 문장이 넘어가면 시간과 노력이 너무 많이 들어서 지속적으로 하기 어렵죠. 보통 다섯 문장 내외로 한 문단이 구성되어 있습니다. 문단은 문장들이 모여 하나의 소주제를 드러내는 글덩어리입니다. 문단을 쓸 줄 알면 글쓰기가 매우 쉬워지죠. 문단이 모여 글이 되기 때문입니다. 이 때문에 글을 풀어가는 방식이나 주제가 드러나게 쓰는 방법들을 익힐 수 있어 좋은 글쓰기 훈련 수단이 되기도 합니다.

또 다섯 문장 정도를 따라 쓰는 데 걸리는 시간은 길어야 10분에서 15분 정도가 걸립니다. 10분 남짓한 시간은 아이들이 어떤 활동을 지루해하지 않고 해내는 최적의 시간이지요.

따라쓰기에서 그치지 않고,
글쓰기 자신감을 키워 줘요!

학교 현장에서 아이들을 지도하면서 가장 넘기 힘든 과정 중 하나를 꼽으라고 하면 바로 '글쓰기에 대한 두려움'입니다. 저학년 중에는 우는 아이들도 있습니다. 왜 우냐고 물으면 "무슨 말을 써야 할지 모르겠어요"라거나 "생각이 안 나요" 라고 답하곤 합니다. 고학년의 현실도 사실 비슷합니다. 글감을 주고 글 좀 써보라고 하면 연필만 쪽쪽 빨고 있는 아이들이 많습니다.

글쓰기에서 가장 중요한 것은 '글쓰기는 말하거나 숨 쉬는 것처럼 자연스럽고 쉬운 것'이라는 인식을 심어 주는 것입니다. 어떻게 하면 이런 인식을 심어 줄 수 있을지 고민을 많이 해왔는데요.

글쓰기가 힘들고 어려운 아이들도 덜 부담스럽고 쉽게 시작해 볼 수 있는 방법이 있었습니다. 그것은 바로 '낱말이나 문장 바꿔 쓰기'입니다. 문장에서 한두 단어나 어절을 바꿔 쓰거나 문단에서 한 문장 정도를 바꿔 써보는 것입니다. 이 정도는 아이 입장에서 그렇게 큰 부담은 아닙니다. 하지만 생각은 엄청 많이 하게 만들지요. 특히 문장 바꿔 쓰기는 글은 짧지만 꽤 고민이 필요합니다. 글의 흐름과 문맥을 이해하고 행간을 읽을 줄 알아야 문장을 바꿔 쓸 수 있기 때문입니다. 문맥을 고려하지 않고 생뚱맞은 문장을 쓰면 양복에 고무신을 신은 것처럼 이상한 글이 되고 맙니다. 그렇다 보니 문장 바꿔 쓰기는 고민만 하다가 결국 못할 수도 있습니다. 하지만 고민하는 과정 속에서 이미 생각의 깊이가 자라게 됩니다. 시도만으로도 의미가 충분한 거지요.

아이가 낱말이나 문장 바꿔 쓰기를 잘한다면 원문 형식은 유지하면서 소재(글감)만 바꿔서 써볼 것을 권합니다. 아이만의 빛깔이 고스란히 담긴 글이 탄생하게 됩니다.

이런 훈련이 반복되다 보면 글쓰기가 쉬어지고 잘하게 됩니다.

이렇게 지도해 주세요!

따라 쓸 때는 『국어 활동』 교과서 맨 뒤쪽에 나오는 '글씨 쓰기' 연습처럼 처음에는 흐릿하게 써 있는 글씨 위에 덧쓰기를 하면서 그대로 따라 쓸 수 있도록 지도해 주세요. 그러면 글씨체 교정에도 큰 도움이 됩니다. 이때 온점, 반점, 느낌표, 물음표, 따옴표와 같은 문장부호까지도 그대로 따라 쓰는 것이 중요합니다. 특히 띄어쓰기에 유의하면서 쓰게 해야 합니다. 띄어쓰기 간격까지도 일정하게 유지하면서 쓸 수 있도록 합니다. 이런 과정이 습관이 되면 점점 글씨나 글이 정갈해지는 것을 확인할 수 있을 것입니다.

따라 쓰는 내용 중에 모르는 낱말이나 중요한 낱말은 따로 낱말 공부를 하는 것이 바람직합니다. 낱말 공부를 할 때 정확한 뜻은 말할 것도 없고 비슷한 말, 반대말, 쓰임예시 등을 같이 공부하면 어휘력 확장에 매우 큰 도움이 됩니다. 무엇보다 공부한 낱말을 활용해 짧은 문장을 써보게 하면 낱말의 이해도를 높일 수 있고 활용도를 최대치까지 끌어 올릴 수 있습니다. 이 책 안에서 소개하는 어휘만이라도 해보시길 간곡히 권합니다.

이 책의 활용법

이 책은 매일 5문장씩 따라 써볼 수 있도록 구성되어 있어요. 가급적 반복 쓰기 횟수를 줄여 부담을 낮추었어요. 따라 쓴 문장을 바꿔 써보는 활동으로 마무리하여 따라쓰기 효과를 완벽하게 얻을 수 있도록 구성했어요.

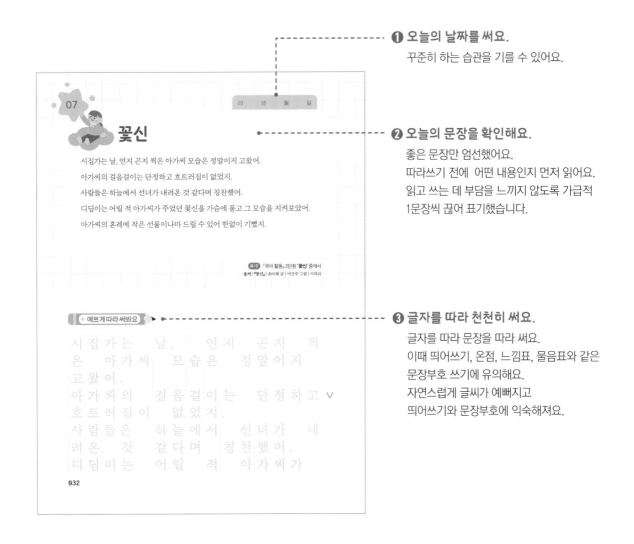

❶ 오늘의 날짜를 써요.
꾸준히 하는 습관을 기를 수 있어요.

❷ 오늘의 문장을 확인해요.
좋은 문장만 엄선했어요.
따라쓰기 전에 어떤 내용인지 먼저 읽어요.
읽고 쓰는 데 부담을 느끼지 않도록 가급적
1문장씩 끊어 표기했습니다.

❸ 글자를 따라 천천히 써요.
글자를 따라 문장을 따라 써요.
이때 띄어쓰기, 온점, 느낌표, 물음표와 같은
문장부호 쓰기에 유의해요.
자연스럽게 글씨가 예뻐지고
띄어쓰기와 문장부호에 익숙해져요.

주었던 꽃신을 가슴에 품고
그 모습을 지켜보았어.
아가씨의 혼례에 작은 선물이
나마 드릴 수 있어 한없이
기뻤지.

❹ 오늘의 낱말을 익혀요. - - - - - - - - - - - ➤ ◆ 오늘의 낱말을 익혀요 ◆▶

모르는 낱말이나 중요한 낱말을 학습해요.
비슷한 말, 반대말, 쓰임 예시를 들어
낯선 어휘의 뜻을 쉽게 이해할 수 있도록 도와요.

♣ **오늘의 낱말**

단정하다
뜻 옷차림이나 몸가짐 따위가 얌전하고 바르다.
비 얌전하다, 방정하다, 단정하다
반 흐트러지다
쓰 단정한 옷차림

♣ **오늘의 낱말을 넣어 문장을 만들어 봐요**

예시 내 친구는 옷차림이 항상 단정하다.

♣ **낱말을 바꿔 써봐요**

시집가는 날, (연지 곤지 찍은) 아가씨 모습은 정말이지 고왔어.

예시 시집가는 날, (곱게 꾸민) 아가씨 모습은 정말이지 고왔어.

내가 바꾼 낱말 시집가는 날, (

) 아가씨 모습은 정말이지 고왔어.

033

♣ **문장을 바꿔 이어 써봐요**

시집가는 날, 연지 곤지 찍은 아가씨 모습은 정말이지 고왔어.
아가씨의 걸음걸이는 단정하고 흐트러짐이 없었지.

예시 (세상에 이렇게 예쁜 신부는 없을 것 같았어.)

내가 바꾼 문장 (

)

디딤이는 어릴 적 아가씨가 주었던 꽃신을 가슴에 품고 그 모습을 지켜보았어.
아가씨의 혼례에 작은 선물이나마 드릴 수 있어 한없이 기뻤지.

❺ 내 것으로 만들어 봐요.

따라 써 본 문장, 오늘의 낱말을
나만의 언어로 자유롭게 바꿔 써봐요.
낱말의 이해도를 높이고
좋은 문장을 내 것으로 만들 수 있어요.
완성도보다 글을 써본다는 게 중요해요.

034

따라쓰기 실천표

매일 반복한다는 건 쉬운 일이 아니에요. 의지도 다지고, 내가 이만큼이나 해냈구나 하는 뿌듯함을 느낄 수 있도록, 실천표를 써봐요.

이름

문장 번호	쪽수	실천한 날	내 사인
01. 꽃씨	202	. .	
02. 가훈 속에 담긴 뜻	202	. .	
03. 의심	202	. .	
04. 할아버지와 보청기	202	. .	
05. 동물이 내는 소리	202	. .	
06. 에너지를 절약하자	202	. .	
07. 꽃신	202	. .	
08. 돈의 재료	202	. .	
09. 『장영실』을 읽고	202	. .	
10. 까마귀와 감나무	202	. .	
11. 아름다운 꼴찌	202	. .	
12. 최첨단 과학, 종이	202	. .	

꽃씨

몰래 겨울을 녹이면서 봄비가 내려와 앉으면

꽃씨는 땅속에 살짝 돌아누우며 눈을 뜹니다.

봄을 기다리는 아이들은 쏘옥 손가락을 집어넣어 봅니다.

꽃씨는 저쪽에서 고개를 빠끔 얄밉게 숨겨 두었던 파란 손을 내밉니다.

4-1 『국어』 1단원 '꽃씨' 중에서

출처 | 『100살 동시 내 친구』 | 「꽃씨」 | 김완기 글 | 김천정 그림 | 청개구리

★ 예쁘게 따라 써봐요 ▶

몰	래		겨	울	을		녹	이	면	서		봄	비	가	∨
내	려	와		앉	으	면									
꽃	씨	는		땅	속	에		살	짝		돌	아	누	우	
며		눈	을		뜹	니	다	.							
봄	을		기	다	리	는		아	이	들	은		쏘	옥	∨
손	가	락	을		집	어	넣	어		봅	니	다	.		
꽃	씨	는		저	쪽	에	서		고	개	를		빠	끔	∨
얄	밉	게		숨	겨		두	었	던		파	란		손	

◆ 오늘의 낱말을 익혀요 ▶

♣ 오늘의 낱말

얄밉다	뜻	말이나 행동이 약빠르고 밉다.
	비	밉살스럽다, 밉살맞다, 괘씸하다, 얄망궂다
	반	
	쓰	얄밉게 여기다. 얄밉게 굴다.

♣ 오늘의 낱말을 넣어 문장을 만들어 봐요

예시   내 동생이 엄마 앞에서 얄밉게 웃고 있었다.

내가 만든 문장

 나도 작가

♣ 낱말을 바꿔 써봐요

꽃씨는 저쪽에서 고개를 빠끔 얄밉게 숨겨 두었던 (파란 손)을 내밉니다.

예시 꽃씨는 저쪽에서 고개를 빠끔 얄밉게 숨겨 두었던 (잎사귀를) 내밉니다.

내가 바꾼 낱말 꽃씨는 저쪽에서 고개를 빠끔 얄밉게 숨겨 두었던 (

) 내밉니다.

♣ **문장을 바꿔 이어 써봐요**

몰래 겨울을 녹이면서 봄비가 내려와 앉으면
꽃씨는 땅속에 살짝 돌아누우며 눈을 뜹니다.
봄을 기다리는 **예시** (개구리가 펄쩍 뛰어오르며 꽃씨를 건드립니다.)

봄을 기다리는 **내가 바꾼 문장** (

)

꽃씨는 저쪽에서 고개를 빠끔 얄밉게 숨겨 두었던 파란 손을 내밉니다.

02

가훈 속에 담긴 뜻

옛날 옛적 경주에 최씨 성을 가진 아주 큰 부자가 살았습니다.

일 년에 쌀이 만 석 정도 나올 만큼의 많은 논을 가진 큰 부자였지요.

할아버지의 할아버지, 또 그 할아버지의 할아버지부터 대대로 부자였습니다.

부리는 하인도, 찾아오는 손님도, 아무튼 모든 것이 다 어마어마했습니다.

그중에서 가장 어마어마했던 것은 바로 최씨 부자의 마음이었답니다.

4-1 『국어』 1단원 '가훈 속에 담긴 뜻' 중에서
출처 | 『최씨 부자 이야기』 | 조은정 글 | 여기 그림 | 여원미디어

▶ 예쁘게 따라 써봐요 ▶

옛	날		옛	적		경	주	에		최	씨		성	을	∨
가	진		아	주		큰		부	자	가			살	았	습
니	다.														
일		년	에		쌀	이		만		석		정	도		
나	올		만	큼	의		많	은		논	을		가	진	∨
큰		부	자	였	지	요.									
할	아	버	지	의		할	아	버	지,			또		그	∨
할	아	버	지	의		할	아	버	지	부	터		대	대	

로　부자였습니다.
부리는　하인도,　찾아오는　손
님도,　아무튼　모든　것이　다 V
어마어마했습니다.
그중에서　가장　어마어마했던
것은　바로　최씨　부자의　마음
이었답니다.

♣ 오늘의 낱말

	뜻 식량이나 물건 따위를 보관하는 곳
곳간	비 창고, 저장고, 광
	반
	쓰 곳간 열쇠

♣ 오늘의 낱말을 넣어 문장을 만들어 봐요

예시　할머니는 마침내 곳간 열쇠를 엄마에게 넘겨주셨다.

내가 만든 문장

♣ 낱말을 바꿔 써봐요

부리는 하인도, 찾아오는 손님도, 아무튼 모든 것이 다 (어마어마했습니다.)

예시 부리는 하인도, 찾아오는 손님도, 아무튼 모든 것이 다 (굉장했습니다.)

내가 바꾼 낱말 부리는 하인도, 찾아오는 손님도, 아무튼 모든 것이 다 (

)

♣ 문장을 바꿔 이어 써봐요

옛날 옛적 경주에 최씨 성을 가진 아주 큰 부자가 살았습니다.
일 년에 쌀이 만 석 정도 나올 만큼의 많은 논을 가진 큰 부자였지요.
할아버지의 할아버지, 또 그 할아버지의 할아버지부터 대대로 부자였습니다.
부리는 하인도, 찾아오는 손님도, 아무튼 모든 것이 다 어마어마했습니다.

예시 (그중에서도 제일 굉장한 것은 아무도 모르는 곳에 숨겨져 있었습니다.)

내가 바꾼 문장 (

)

03

의심

어쩌다가 노마는 유리구슬 한 개를 잃어버렸습니다.

아주 이쁘게 생긴 파란 구슬인데요,

어디서 어떻게 하다 잃었는지 아무리 생각해도 모르겠습니다.

아마 토끼처럼 깡충깡충 뛰고 놀다가 흘렸나 하고 우물둔덕에도 가 보았습니다.

거기도 없습니다.

4-1 『국어』 1단원 '**의심**' 중에서

출처 『**나비를 잡는 아버지**』| 현덕 글 | 원유성 그림 | 효리원

✏ 예쁘게 따라 써봐요 ▶

어	쩌	다	가		노	마	는		유	리	구	슬		한	∨
개	를		잃	어	버	렸	습	니	다	.					
아	주		이	쁘	게		생	긴		파	란		구	슬	
인	데	요	,												
어	디	서		어	떻	게		하	다		잃	었	는	지	∨
아	무	리		생	각	해	도		모	르	겠	습	니	다	. ∨
아	마		토	끼	처	럼		깡	충	깡	충		뛰	고	
놀	다	가		흘	렸	나		하	고		우	물	둔	덕	

에 도　가　보 았 습 니 다.
거 기 도　　없 습 니 다.

＊ 오늘의 낱말을 익혀요 ▶

♣ 오늘의 낱말

어쩌다가	뜻	뜻밖에 우연히
	비	이따금, 우연히, 가끔, 간혹
	반	항상, 언제나
	쓰	어쩌다가 한 번

♣ 오늘의 낱말을 넣어 문장을 만들어 봐요

예시　꼼꼼한 사람도 어쩌다가 한 번씩 실수를 하곤 한다.

내가 만든 문장

나도 작가

♣ 낱말을 바꿔 써봐요

토끼처럼 (깡충깡충 뛰고) 놀다가 흘렸나 하고 우물둔덕에도 가 보았습니다.

예시 토끼처럼 (폴짝거리며) 놀다가 흘렸나 하고 우물둔덕에도 가 보았습니다.

내가 바꾼 낱말 토끼처럼 (

) 놀다가 흘렸나 하고 우물둔덕에도 가 보았습니다.

♣ 문장을 바꿔 이어 써봐요

어쩌다가 노마는 유리구슬 한 개를 잃어버렸습니다.

예시 (하필 가장 아끼던 유리구슬이었습니다.)

내가 바꾼 문장 (

)

어디서 어떻게 하다 잃었는지 아무리 생각해도 모르겠습니다.

아마 토끼처럼 깡충깡충 뛰고 놀다가 흘렸나 하고 우물둔덕에도 가 보았습니다.

거기도 없습니다.

04

할아버지와 보청기

할아버지는 아빠가 사다 준 보청기를 끔찍이 여겼습니다.

낮에는 물론 밤에도 빼 놓지 않았습니다.

주무실 때는 빼 놓는 것이 좋다고 아빠가 말씀드렸는데도 할아버지는 듣지 않

았습니다.

그랬던 할아버지가 요즘엔 가끔 보청기를 빼 놓았습니다.

그러니 이상하다 못해 수상할 수밖에요.

4-1 『국어 활동』 1단원 **'할아버지와 보청기'** 중에서
출처 | **『고래를 그리는 아이』** | 윤수천 글 | 이승현 그림 | 시공주니어

✎ 예쁘게 따라 써봐요 ▶

할	아	버	지	는		아	빠	가		사	다		준	
보	청	기	를		끔	찍	이		여	겼	습	니	다	.	∨
낮	에	는		물	론		밤	에	도		빼		놓	지	∨
않	았	습	니	다	.									
주	무	실		때	는		빼		놓	는		것	이	
좋	다	고		아	빠	가		말	씀	드	렸	는	데	도	∨
할	아	버	지	는		듣	지		않	았	습	니	다	.	∨
그	랬	던		할	아	버	지	가		요	즘	엔		가	

끔	보	청	기	를		빼		놓	았	습	니	다	.		∨
그	러	니		이	상	하	다		못	해		수	상	할	∨
수	밖	에	요	.											

✦ 오늘의 낱말을 익혀요 ▶

♣ 오늘의 낱말

끔찍이	뜻 정도가 지나쳐 놀랍게
	비 몹시, 너무너무, 너무나
	반
	쓰 끔찍이 생각하다. 끔찍이 위하다.

♣ 오늘의 낱말을 넣어 문장을 만들어 봐요

예시 아빠는 나를 끔찍이 사랑해 주신다.

내가 만든 문장

나도 작가

♣ 낱말을 바꿔 써봐요

그러니 이상하다 못해 (수상할 수밖에요.)

예시 그러니 이상하다 못해(미심쩍을 수밖에요.)

내가 바꾼 낱말 그러니 이상하다 못해 (

)

♣ 문장을 바꿔 이어 써봐요

할아버지는 아빠가 사다 준 보청기를 끔찍이 여겼습니다.

예시 (처음 만나는 사람에게도 자랑을 할 정도였습니다.)

내가 바꾼 문장 (

)

주무실 때는 빼놓는 것이 좋다고 아빠가 말씀드렸는데도 할아버지는 듣지 않
았습니다.

그랬던 할아버지가 요즘엔 가끔 보청기를 빼놓았습니다.

그러니 이상하다 못해 수상할 수밖에요.

동물이 내는 소리

매미는 발음근으로 소리를 냅니다. 매미는 수컷만 소리를 낼 수 있고, 암컷은 소리를 내지 못합니다. 매미의 배에 있는 발음막, 발음근, 공기주머니는 매미가 소리를 내게 도와줍니다. 그런데 암컷은 발음근이 발달되어 있지 않고 발음막이 없어서 소리를 낼 수 없답니다. 수컷은 발음근을 당겨서 발음막을 움푹 들어가게 한 다음 '딸깍' 하고 소리를 냅니다.

4-1 『국어』 2단원 '동물이 내는 소리' 중에서

출처 | 『맛있는 과학 6: 소리와 파동』 | 문희숙 글 | 진주 그림 | 주니어김영사

✏ 예쁘게 따라 써봐요 ▶

매	미	는		발	음	근	으	로		소	리	를		냅	
니	다	.		매	미	는		수	컷	만		소	리	를	∨
낼		수		있	고	,		암	컷	은		소	리	를	∨
내	지		못	합	니	다	.		매	미	의		배	에	∨
있	는		발	음	막	,		발	음	근	,		공	기	
주	머	니	는		매	미	가		소	리	를		내	게	∨
도	와	줍	니	다	.		그	런	데		암	컷	은		
발	음	근	이		발	달	되	어		있	지		않	고	∨

발음막이 없어서 소리를 낼 수 없답니다. 수컷은 발음근을 당겨서 발음막을 움푹 들어가게 한 다음 ∨ '딸깍' 하고 소리를 냅니다.

♣ 오늘의 낱말

움푹하다	**뜻** 가운데가 푹 꺼져 들어간 데가 있다.
	비 옴폭하다, 우묵하다, 오목하다
	반
	쓰 움푹한 눈, 움푹 패다.

♣ 오늘의 낱말을 넣어 문장을 만들어 봐요

예시 내 친구는 며칠 잠을 못 잔 듯 움푹한 눈을 껌뻑거렸다.

내가 만든 문장

♣ 낱말을 바꿔 써봐요

매미는 수컷만 (소리를) 낼 수 있고, 암컷은 소리를 내지 못합니다.

예시 매미는 수컷만 (큰 소리를) 낼 수 있고, 암컷은 소리를 내지 못합니다.

내가 바꾼 낱말 매미는 수컷만 (

) 낼 수 있고, 암컷은 소리를 내지 못합니다.

♣ 문장을 바꿔 이어 써봐요

매미는 발음근으로 소리를 냅니다.
매미는 수컷만 소리를 낼 수 있고, 암컷은 소리를 내지 못합니다.
매미의 배에 있는 발음막, 발음근, 공기주머니는 매미가 소리를 내게 도와줍니다.

예시 (소리를 내지 못하는 암컷은 얼마나 답답할까요.)

내가 바꾼 문장 (   )

수컷은 발음근을 당겨서 발음막을 움푹 들어가게 한 다음 '딸깍' 하고 소리를 냅니다.

06

에너지를 절약하자

우리가 에너지를 절약하는 방법은 두 가지로 나눌 수 있다.

먼저, 에너지를 불필요하게 사용하지 않는 것이다.

쓰지 않는 꽂개는 반드시 뽑아 놓고, 빈방에 켜 놓은 전깃불은 끈다.

그리고 뜨거운 음식은 식힌 뒤에 냉장고에 넣는다.

다음은, 에너지 사용을 줄이는 것이다.

4-1 『국어』 2단원 '**에너지를 절약하자**' 중에서

예쁘게 따라 써봐요 ▶

우	리	가		에	너	지	를		절	약	하	는		방
법	은		두		가	지	로		나	눌		수		있
다	.													
먼	저	,		에	너	지	를		불	필	요	하	게	
사	용	하	지		않	는		것	이	다	.			
쓰	지		않	는		꽂	개	는		반	드	시		뽑
아		놓	고	,		빈	방	에		켜		놓	은	
전	깃	불	은		끈	다	.							

그	리	고		뜨	거	운		음	식	은		식	힌
뒤	에			냉	장	고	에		넣	는	다	.	
다	음	은	,		에	너	지		사	용	을		줄	이
는		것	이	다	.								

♣ **오늘의 낱말**

절약	뜻	함부로 쓰지 않고 꼭 필요한 곳에만 써서 아낌
	비	절감, 검약,
	반	낭비
	쓰	물자 절약

♣ **오늘의 낱말을 넣어 문장을 만들어 봐요**

예시　할아버지는 절약하는 습관이 몸에 배셨다.

내가 만든 문장

 나도 작가

♣ **낱말을 바꿔 써봐요**

(먼저,) 에너지를 불필요하게 사용하지 않는 것이다.

예시 (제일 중요한 건), 에너지를 불필요하게 사용하지 않는 것이다.

내가 바꾼 낱말 (

), 에너지를 불필요하게 사용하지 않는 것이다.

♣ 문장을 바꿔 이어 써봐요

우리가 에너지를 절약하는 방법은 두 가지로 나눌 수 있다.

먼저, 에너지를 불필요하게 사용하지 않는 것이다.

쓰지 않는 꽂개는 반드시 뽑아 놓고, 빈방에 켜 놓은 전깃불은 끈다.

그리고 뜨거운 음식은 식힌 뒤에 냉장고에 넣는다.

다음은, 예시 (에너지 효율이 높은 제품을 사용하는 것이다.)

다음은, 내가 바꾼 문장 (

)

07

꽃신

시집가는 날, 연지 곤지 찍은 아가씨 모습은 정말이지 고왔어.

아가씨의 걸음걸이는 단정하고 흐트러짐이 없었지.

사람들은 하늘에서 선녀가 내려온 것 같다며 칭찬했어.

디딤이는 어릴 적 아가씨가 주었던 꽃신을 가슴에 품고 그 모습을 지켜보았어.

아가씨의 혼례에 작은 선물이나마 드릴 수 있어 한없이 기뻤지.

4-1 『국어 활동』 2단원 '꽃신' 중에서

출처 | 『꽃신』 | 윤아해 글 | 이선주 그림 | 사파리

★ 예쁘게 따라 써봐요 ▶

시	집	가	는		날	,		연	지		곤	지		찍
은		아	가	씨		모	습	은		정	말	이	지	
고	왔	어	.											
아	가	씨	의		걸	음	걸	이	는		단	정	하	고	∨
흐	트	러	짐	이		없	었	지	.					
사	람	들	은		하	늘	에	서		선	녀	가		내
려	온		것		같	다	며		칭	찬	했	어	.	
디	딤	이	는		어	릴		적		아	가	씨	가	

주었던 꽃신을 가슴에 품고
그 모습을 지켜보았어.
아가씨의 혼례에 작은 선물이
나마 드릴 수 있어 한없이
기뻤지.

♣ 오늘의 낱말

단정하다	뜻	옷차림이나 몸가짐 따위가 얌전하고 바르다.
	비	얌전하다, 방정하다, 단정하다
	반	흐트러지다
	쓰	단정한 옷차림

♣ 오늘의 낱말을 넣어 문장을 만들어 봐요

예시 내 친구는 옷차림이 항상 단정하다.

내가 만든 문장

♣ 낱말을 바꿔 써봐요

시집가는 날, (연지 곤지 찍은) 아가씨 모습은 정말이지 고왔어.

예시 시집가는 날, (곱게 꾸민) 아가씨 모습은 정말이지 고왔어.

내가 바꾼 낱말 시집가는 날, (

) 아가씨 모습은 정말이지 고왔어.

♣ 문장을 바꿔 이어 써봐요

시집가는 날, 연지 곤지 찍은 아가씨 모습은 정말이지 고왔어.
아가씨의 걸음걸이는 단정하고 흐트러짐이 없었지.

예시 (세상에 이렇게 예쁜 신부는 없을 것 같았어.)

내가 바꾼 문장 (

)

디딤이는 어릴 적 아가씨가 주었던 꽃신을 가슴에 품고 그 모습을 지켜보았어.
아가씨의 혼례에 작은 선물이나마 드릴 수 있어 한없이 기뻤지.

돈의 재료

그럼 지폐는 무엇으로 만들까요?

당연히 종이라고 생각하겠지만, 지폐는 솜으로 만들어요.

방적 공장에서 옷감의 재료로 사용하고 남은 찌꺼기 솜인 낙면이 그 재료이지요.

이 솜으로 만든 지폐는 습기에도 강하고 정교하게 인쇄 작업을 할 수 있으며 위조를 방지할 수 있다는 장점이 있어요.

그래서 오늘날 대부분의 국가들은 솜으로 지폐를 만들어요.

4-1 『국어』 3단원 **'돈의 재료'** 중에서

출처 | 『**경제의 핏줄 화폐**』 | 김성호 글 | 성연 그림 | 미래아이

✏ 예쁘게 따라 써봐요 ▶

그	럼		지	폐	는		무	엇	으	로		만	들	까
요	?													
당	연	히		종	이	라	고		생	각	하	겠	지	만 , ∨
지	폐	는		솜	으	로		만	들	어	요	.		
방	적		공	장	에	서		옷	감	의		재	료	로 ∨
사	용	하	고		남	은		찌	꺼	기		솜	인	
낙	면	이		그		재	료	이	지	요	.			
이		솜	으	로		만	든		지	폐	는		습	기

에도 강하고 정교하게 인쇄
작업을 할 수 있으며 위조를 ∨
방지할 수 있다는 장점이 있
어요.
그래서 오늘날 대부분의 국가
들은 솜으로 지폐를 만들어요.

◆ 오늘의 낱말을 익혀요 ▶

♣ 오늘의 낱말

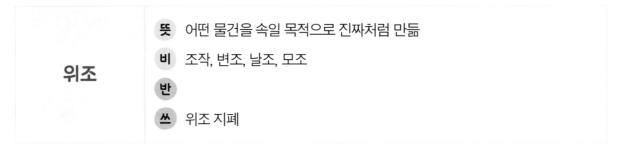

위조	뜻	어떤 물건을 속일 목적으로 진짜처럼 만듦
	비	조작, 변조, 날조, 모조
	반	
	쓰	위조 지폐

♣ 오늘의 낱말을 넣어 문장을 만들어 봐요

예시 명품은 위조품이 많아 살 때 조심해야 한다.

내가 만든 문장

♣ 낱말을 바꿔 써봐요

그래서 오늘날 (대부분의) 국가들은 솜으로 지폐를 만들어요.

예시   그래서 오늘날 (모든) 국가들은 솜으로 지폐를 만들어요.

내가 바꾼 낱말   그래서 오늘날 (

) 국가들은 솜으로 지폐를 만들어요.

♣ 문장을 바꿔 이어 써봐요

그럼 지폐는 무엇으로 만들까요?
당연히 종이라고 생각하겠지만, 지폐는 솜으로 만들어요.
방적 공장에서 옷감의 재료로 사용하고 남은 찌꺼기 솜인 낙면이 그 재료이지요.

예시   (낙면으로 지폐를 만들면 잘 찢어지지 않고 튼튼하기 때문이에요.)

내가 바꾼 문장   (

)

그래서 오늘날 대부분의 국가들은 솜으로 지폐를 만들어요.

『장영실』을 읽고

관가에 노비로 들어온 장영실은 이른 아침부터 늦은 밤까지 심부름을 했습니다. 힘들 때마다 장영실은 커서 세상에 필요한 사람이 되겠다는 다짐을 했다고 합니다. 제가 만약 장영실이라면 일하기가 너무 힘들고 노비로 살기 싫어서 도망쳤을 것 같습니다. 하지만 장영실은 오히려 어머니를 걱정했다고 합니다. 장영실의 마음가짐을 알고 나니 힘든 일을 피해 가려고 생각했던 제가 부끄러웠습니다.

4-1 『국어 활동』 4단원 **『장영실』을 읽고** 중에서

★ **예쁘게 따라 써봐요** ▶

관	가	에		노	비	로		들	어	온		장	영	실
은		이	른		아	침	부	터		늦	은		밤	까
지		심	부	름	을		했	습	니	다	.		힘	들
때	마	다		장	영	실	은		커	서		세	상	에
필	요	한		사	람	이		되	겠	다	는		다	짐
을		했	다	고		합	니	다	.		제	가		만
약		장	영	실	이	라	면		일	하	기	가		너
무		힘	들	고		노	비	로		살	기		싫	어

서 도망쳤을 것 같습니다. 하지만 장영실은 오히려 어머니를 걱정했다고 합니다. 장영실의 마음가짐을 알고 나니 ∨ 힘든 일을 피해 가려고 생각했던 제가 부끄러웠습니다.

오늘의 낱말을 익혀요 ▶

♣ 오늘의 낱말

마음가짐	뜻	어떤 일에 대한 마음의 자세
	비	맘가짐, 태도, 자세
	반	
	쓰	마음가짐을 바로 하다. 새로운 마음가짐

♣ 오늘의 낱말을 넣어 문장을 만들어 봐요

예시 새해가 되어 새로운 마음가짐으로 한 해를 시작한다.

내가 만든 문장

♣ 낱말을 바꿔 써봐요

힘들 때마다 장영실은 커서 (세상에 필요한 사람이 되겠다는) 다짐을 했다고 합니다.

예시 힘들 때마다 장영실은 커서 (성공하겠다는) 다짐을 했다고 합니다.

내가 바꾼 낱말 힘들 때마다 장영실은 커서 (

) 다짐을 했다고 합니다.

♣ 문장을 바꿔 이어 써봐요

관가에 노비로 들어온 장영실은 이른 아침부터 늦은 밤까지 심부름을 했습니다. 힘들 때마다 장영실은 커서 세상에 필요한 사람이 되겠다는 다짐을 했다고 합니다. 제가 만약 장영실이라면 일하기가 너무 힘들고 노비로 살기 싫어서 도망쳤을 것 같습니다. 하지만 장영실은 오히려 어머니를 걱정했다고 합니다.

예시 (언제나 나만을 생각했던 나 자신이 부끄러워졌습니다.)

내가 바꾼 문장 (

)

까마귀와 감나무

옛날에 두 아들을 둔 아버지가 많은 재산을 남겨 두고 세상을 떠났습니다.

형은 동생에게 감나무가 있는 허름한 집 한 채만 주었습니다.

그리고 나머지는 모두 자기가 차지했습니다.

그러나 마음씨 착한 동생은 아무 말 없이 감나무가 있는 집만 받았습니다.

어느 가을날, 까마귀가 떼 지어 날아와 감을 다 먹어 버렸습니다.

4-1 『국어』 5단원 '**까마귀와 감나무**' 중에서
출처 |『**쩌우 까우 이야기**』| 김기태 편역 | 창작과비평사

✏ 예쁘게 따라 써봐요 ▶

옛	날	에		두		아	들	을		둔		아	버	지
가		많	은		재	산	을		남	겨		두	고	
세	상	을		떠	났	습	니	다	.					
형	은		동	생	에	게		감	나	무	가		있	는	∨
허	름	한		집		한		채	만		주	었	습	니	
다	.													
그	리	고		나	머	지	는		모	두		자	기	가	∨
차	지	했	습	니	다	.								

그러나 마음씨 착한 동생은
아무 말 없이 감나무가 있는 ∨
집만 받았습니다.
어느 가을날, 까마귀가 떼
지어 날아와 감을 다 먹어
버렸습니다.

✎ 오늘의 낱말을 익혀요 ▶

♣ 오늘의 낱말

허름하다	뜻	좀 낡고 헌 듯하다.
	비	허술하다, 초라하다, 낡다
	반	번듯하다
	쓰	옷차림이 허름하다. 허름한 물건

♣ 오늘의 낱말을 넣어 문장을 만들어 봐요

예시 길에서 옷차림이 허름한 할아버지를 도와드렸다.

내가 만든 문장

나도 작가

♣ **낱말을 바꿔 써봐요**

형은 동생에게 감나무가 있는 허름한 (집 한 채만) 주었습니다.

예시 형은 동생에게 감나무가 있는 허름한 (땅 한 평을) 주었습니다.

내가 바꾼 낱말 형은 동생에게 감나무가 있는 허름한 (

) 주었습니다.

♣ **문장을 바꿔 이어 써봐요**

옛날에 두 아들을 둔 아버지가 많은 재산을 남겨 두고 세상을 떠났습니다.
형은 동생에게 감나무가 있는 허름한 집 한 채만 주었습니다.
그리고 나머지는 모두 자기가 차지했습니다.
그러나 마음씨 착한 동생은 아무 말 없이 감나무가 있는 집만 받았습니다.
어느 가을날, 예시 (감나무에 황금 감이 열렸습니다.)

어느 가을날, 내가 바꾼 문장 (

)

아름다운 꼴찌

수현이는 숨이 턱까지 차오르고, 땀이 비 오듯 흘렀지만 마지막까지 온 힘을 다

해 뛰기로 마음먹었습니다.

드디어 결승점에 도착했습니다!

깊은숨을 훅훅 몰아쉬는 수현이의 가슴이 산처럼 솟았다 가라앉기를 여러 차

례 반복했습니다. 선생님과 친구들은 끝까지 포기하지 않고 달린 수현이를 향

해 뜨거운 박수를 보냈습니다.

4-1 『국어』 5단원 '**아름다운 꼴찌**' 중에서

출처 | 『아름다운 꼴찌』 | 이철환 글 | 장경혜 그림 | 주니어RHK

예쁘게 따라 써봐요 ▶

수	현	이	는		숨	이		턱	까	지		차	오	르
고	,		땀	이		비		오	듯		흘	렀	지	만	∨
마	지	막	까	지		온		힘	을		다	해		뛰
기	로		마	음	먹	었	습	니	다	.				
드	디	어		결	승	점	에		도	착	했	습	니	다	! ∨
깊	은	숨	을		훅	훅		몰	아	쉬	는		수	현
이	의		가	슴	이		산	처	럼		솟	았	다	
가	라	앉	기	를		여	러		차	례		반	복	했

습니다. 선생님과 친구들은
끝까지 포기하지 않고 달린
수현이를 향해 뜨거운 박수를 ∨
보냈습니다.

오늘의 낱말을 익혀요

♣ 오늘의 낱말

마음먹다	뜻	무엇을 하겠다는 생각을 하다.
	비	작정하다, 결심하다, 다짐하다, 의도하다
	반	
	쓰	어떤 일을 하기로 마음먹다.

♣ 오늘의 낱말을 넣어 문장을 만들어 봐요

예시   내일부터는 게으름을 피우지 않기로 마음먹었다.

내가 만든 문장

 나도 작가

♣ 낱말을 바꿔 써봐요

마지막까지 (온 힘을 다해) 뛰기로 마음먹었습니다.

예시 마지막까지 (최선을 다해) 뛰기로 마음먹었습니다.

내가 바꾼 낱말 마지막까지 (

) 뛰기로 마음먹었습니다.

♣ 문장을 바꿔 이어 써봐요

수현이는 숨이 턱까지 차오르고, 땀이 비 오듯 흘렀지만 마지막까지 온 힘을 다
해 뛰기로 마음먹었습니다.
드디어 결승점에 도착했습니다!

예시 (가쁜 숨을 컥컥 몰아쉬는 수현이의 가슴은 터지려는 풍선처럼 부풀어

올랐다 쪼그라들기를 수차례 반복했습니다.)

내가 바꾼 문장 (

)

선생님과 친구들은 끝까지 포기하지 않고 달린 수현이를 향해 뜨거운 박수를
보냈습니다.

최첨단 과학, 종이

최근, 컴퓨터는 사용이 일반화되어 생활필수품이 되었습니다. 처음 컴퓨터가 보급되기 시작할 때 많은 사람이 종이 사용이 점점 줄어들 것이라고 예상했습니다. 컴퓨터의 모니터가 종이를 대신할 것으로 여겼던 것이지요. 그러나 그 예상과는 반대로 종이 소비량은 오히려 점점 더 늘고 있습니다. 왜냐하면 모니터로 보는 것보다 종이에 인쇄하여 보는 것이 익숙하기 때문입니다.

4-1 『국어』 7단원 **'최첨단 과학, 종이'** 중에서
출처 | 알고 보니 **내 생활이 다 과학!**』| 김해보·정원선 글 | 이창우 그림 | 예림당

📝 **예쁘게 따라 써봐요** ▶

최	근	,		컴	퓨	터	는		사	용	이		일	반
화	되	어		생	활	필	수	품	이		되	었	습	니
다	.		처	음		컴	퓨	터	가		보	급	되	기
시	작	할		때		많	은		사	람	이		종	이
사	용	이		점	점		줄	어	들		것	이	라	고
예	상	했	습	니	다	.		컴	퓨	터	의		모	니
터	가		종	이	를		대	신	할		것	으	로	
여	겼	던		것	이	지	요	.		그	러	나		그

예상과는 반대로 종이 소비량
은 오히려 점점 더 늘고 있
습니다. 왜냐하면 모니터로
보는 것보다 종이에 인쇄하여 ∨
보는 것이 익숙하기 때문입니
다.

♣ 오늘의 낱말

일반화되다	뜻	개별적인 것이나 특수한 것이 일반적인 것으로 되다.
	비	보편화되다
	반	특수화되다, 전문화되다
	쓰	일반화되고 있다.

♣ 오늘의 낱말을 넣어 문장을 만들어 봐요

예시 스마트폰이 초등학생들에게도 일반화되고 있다.

내가 만든 문장

♣ 낱말을 바꿔 써봐요

(예상과는) 반대로 종이 소비량은 오히려 점점 더 늘고 있습니다.

예시 (추측과는) 반대로 종이 소비량은 오히려 점점 더 늘고 있습니다.

내가 바꾼 낱말 (

) 반대로 종이 소비량은 오히려 점점 더 늘고 있습니다.

♣ 문장을 바꿔 이어 써봐요

최근, 컴퓨터는 사용이 일반화되어 생활필수품이 되었습니다.
처음 컴퓨터가 보급되기 시작할 때 많은 사람이 종이 사용이 점점 줄어들 것이라고 예상했습니다. 컴퓨터의 모니터가 종이를 대신할 것으로 여겼던 것이지요. 그러나 그 예상과는 반대로 종이 소비량은 오히려 점점 더 늘고 있습니다.
왜냐하면 예시 (종이로 인쇄하여 읽었을 때 집중이 더 잘 되었기 때문입니다.)

왜냐하면 내가 바꾼 문장 (

)

수아의 봉사 활동

"여기 책 좀 읽어 줄래? 요즘은 눈이 침침해서 글씨가 잘 안 보이는구나."

할머니는 낡은 책 한 권을 내미셨다.

다른 책이 없어서 같은 책만 스무 번을 넘게 읽으셨다고 했다.

할머니는 눈을 감고 책 읽는 내 목소리에 귀를 기울이셨다.

"할머니, 다음에 올 때 재미있는 책을 가지고 올게요."

4-1 『국어』 7단원 **'수아의 봉사 활동'** 중에서

출처 | 『**콩 한 쪽도 나누어요**』 | 고수산나 글 | 이해정 그림 | 열다

★ 예쁘게 따라 써봐요 ▶

"	여	기		책		좀		읽	어		줄	래	?	
요	즘	은		눈	이		침	침	해	서		글	씨	가	∨
잘		안		보	이	는	구	나	.	"				
할	머	니	는		낡	은		책		한		권	을	
내	미	셨	다	.										
다	른		책	이		없	어	서		같	은		책	만
스	무		번	을		넘	게		읽	으	셨	다	고	
했	다	.												

할머니는 눈을 감고 책 읽는
내 목소리에 귀를 기울이셨다. ∨
"할머니, 다음에 올 때 재
미있는 책을 가지고 올게요."

♣ 오늘의 낱말

내밀다	뜻 다른 사람에게 물건 등을 받으라고 내어 주다.
	비 내주다, 내놓다
	반
	쓰 손을 내밀다.

♣ 오늘의 낱말을 넣어 문장을 만들어 봐요

예시 친구가 사과하자며 손을 내밀었다.

내가 만든 문장

나도 작가

♣ 낱말을 바꿔 써봐요

"요즘은 눈이 (침침해서) 글씨가 잘 안 보이는구나."

예시 "요즘은 눈이 (흐릿하니) 글씨가 잘 안 보이는구나."

내가 바꾼 낱말 "요즘은 눈이 (

) 글씨가 잘 안 보이는구나."

♣ 문장을 바꿔 이어 써봐요

"여기 책 좀 읽어 줄래? 요즘은 눈이 침침해서 글씨가 잘 안 보이는구나."

할머니는 낡은 책 한 권을 내미셨다.

다른 책이 없어서 같은 책만 스무 번을 넘게 읽으셨다고 했다.

할머니는 눈을 감고 책 읽는 내 목소리에 귀를 기울이셨다.

예시 ("할머니 매번 같은 책인데 안 지겨우세요?")

내가 바꾼 문장 (

)

화성 탐사의 현재와 미래

화성은 중세 이전에도 하늘을 관측하던 과학자들에게 매우 중요한 천체였다.

화성은 밝게 빛나는 붉은 천체이기에 많은 사람이 관심을 가졌다.

1976년 미국의 바이킹 우주선이 화성에 착륙해 표면의 모습을 지구에 알려 주었다.

화성의 표면은 삭막하지만 군데군데 강줄기가 마른 것처럼 보이는 곳도 있었고, 북극에는 두꺼운 얼음처럼 하얗게 보이는 부분도 있었다.

4-1 『국어』 7단원 **'화성 탐사의 현재와 미래'** 중에서

✏️ 예쁘게 따라 써봐요 ▶

화	성	은		중	세		이	전	에	도		하	늘	을	∨
관	측	하	던		과	학	자	들	에	게		매	우		
중	요	한		천	체	였	다	.							
화	성	은		밝	게		빛	나	는		붉	은		천	
체	이	기	에		많	은		사	람	이		관	심	을	∨
가	졌	다	.												
19	76	년		미	국	의		바	이	킹		우	주	선	
이		화	성	에		착	륙	해		표	면	의		모	

습	을		지	구	에		알	려		주	었	다	.	
화	성	의		표	면	은		삭	막	하	지	만		군
데	군	데		강	줄	기	가		마	른		것	처	럼
보	이	는		곳	도		있	었	고	,		북	극	에
는		두	꺼	운		얼	음	처	럼		하	얗	게	
보	이	는		부	분	도		있	었	다	.			

✦ **오늘의 낱말을 익혀요** ▶

♣ **오늘의 낱말**

삭막하다	**뜻** 쓸쓸하고 막막하다.
	비 허전하다, 쓸쓸하다
	반
	쓰 분위기가 삭막하다. 삭막한 들판

♣ **오늘의 낱말을 넣어 문장을 만들어 봐요**

예시 오늘 우리 집 분위기가 삭막하다.

내가 만든 문장

♣ 낱말을 바꿔 써봐요

화성은 밝게 빛나는 붉은 천체이기에 많은 사람이 (관심을) 가졌다.

예시 화성은 밝게 빛나는 붉은 천체이기에 많은 사람이 (호기심을) 가졌다.

내가 바꾼 낱말 화성은 밝게 빛나는 붉은 천체이기에 많은 사람이 (

) 가졌다.

♣ 문장을 바꿔 이어 써봐요

예시 (화성은 영어로 마르스로, 전쟁의 신 이름이다.)

내가 바꾼 문장   (

)

화성은 밝게 빛나는 붉은 천체이기에 많은 사람이 관심을 가졌다.

1976년 미국의 바이킹 우주선이 화성에 착륙해 표면의 모습을 지구에 알려 주었다.

화성의 표면은 삭막하지만 군데군데 강줄기가 마른 것처럼 보이는 곳도 있었다.

북극에는 두꺼운 얼음처럼 하얗게 보이는 부분도 있었다.

15

가을이네 장 담그기

어느새 하얗고 노란 곰팡이가 메주를 소복이 덮었어요.

"허허, 고 녀석들, 꽃이 참 예쁘게도 피었구나."

할머니는 메주를 볏짚으로 잘 묶어 건넌방에 조롱조롱 매달아 놓았어요.

날이 풀리자 메주를 꺼내 처마 끝에 매달고 햇볕이랑 바람을 쐬어 주었어요.

메주는 점점 노르스름하고 불그스름해졌어요.

4-1 『국어 활동』 7단원 '가을이네 장 담그기' 중에서

출처 | 『가을이네 장 담그기』 | 이규희 글 | 신민재 그림 | 책읽는곰

★ 예쁘게 따라 써봐요 ▶

어	느	새		하	얗	고		노	란		곰	팡	이	가	∨
메	주	를		소	복	이		덮	었	어	요	.			
"	허	허	,		고		녀	석	들	,		꽃	이		
참		예	쁘	게	도		피	었	구	나	.	"			
할	머	니	는		메	주	를		볏	짚	으	로		잘	∨
묶	어		건	넌	방	에		조	롱	조	롱		매	달	
아		놓	았	어	요	.									
날	이		풀	리	자		메	주	를		꺼	내		처	

마 끝에 매달고 햇볕이랑 바
람을 쐬어 주었어요.
메주는 점점 노르스름하고 불
그스름해졌어요.

♣ 오늘의 낱말

소복이	뜻	쌓이거나 담긴 물건이 볼록하게 많이
	비	수북이, 그득히, 듬뿍
	반	
	쓰	소복이 쌓이다.

♣ 오늘의 낱말을 넣어 문장을 만들어 봐요

예시 밤새 내린 함박눈이 나무마다 소복이 쌓였다.

내가 만든 문장

나도 작가

♣ 낱말을 바꿔 써봐요

할머니는 메주를 볏짚으로 잘 묶어 건넌방에 (조롱조롱) 매달아 놓았어요.

할머니는 메주를 볏짚으로 잘 묶어 건넌방에 (줄줄이) 매달아 놓았어요.

할머니는 메주를 볏짚으로 잘 묶어 건넌방에 (

) 매달아 놓았어요.

♣ 문장을 바꿔 이어 써봐요

어느새 하얗고 노란 곰팡이가 메주를 소복이 덮었어요.
"허허, 고 녀석들, 꽃이 참 예쁘게도 피었구나."
할머니는 메주를 볏짚으로 잘 묶어 건넌방에 조롱조롱 매달아 놓았어요.
날이 풀리자 메주를 꺼내 처마 끝에 매달고 햇볕이랑 바람을 쐬어 주었어요.

(메주 냄새는 점점 짙어졌어요.)

(

)

16

진영이에게 있었던 일

지난 주말에 저는 동생과 함께 집 앞 꽃밭에 꽃을 심었습니다.

그런데 오늘 물을 주려고 보니 쓰레기가 꽃 주위에 흩어져 있었습니다.

그 모습을 보니 속이 상했습니다. 꽃밭에 쓰레기를 버리지 않으면 좋겠습니다.

꽃은 쓰레기가 없는 깨끗한 꽃밭에서 건강하게 자랄 수 있습니다.

우리가 노력하면 꽃밭을 더 아름답게 가꿀 수 있습니다.

4-1 『국어』 8단원 '진영이에게 있었던 일' 중에서

예쁘게 따라 써봐요 ▶

지	난		주	말	에		저	는		동	생	과		함
께		집		앞		꽃	밭	에		꽃	을		심	었
습	니	다	.											
그	런	데		오	늘		물	을		주	려	고		보
니		쓰	레	기	가		꽃		주	위	에		흩	어
져		있	었	습	니	다	.							
그		모	습	을		보	니		속	이		상	했	습
니	다	.		꽃	밭	에		쓰	레	기	를		버	리

지 않으면 좋겠습니다.
꽃은 쓰레기가 없는 깨끗한
꽃밭에서 건강하게 자랄 수
있습니다.
우리가 노력하면 꽃밭을 더
아름답게 가꿀 수 있습니다.

♣ 오늘의 낱말

흩어지다	**뜻** 한데 모였던 것이 따로따로 떨어지거나 사방으로 퍼지다.
	비 흐트러지다, 헤어지다, 퍼지다
	반
	쓰 뿔뿔이 흩어지다.

♣ 오늘의 낱말을 넣어 문장을 만들어 봐요

(예시) 사자가 나타나자 동물들이 뿔뿔이 흩어졌다.

내가 만든 문장

 나도 작가

♣ 낱말을 바꿔 써봐요

그 모습을 보니 (속이 상했습니다.)

예시 그 모습을 보니 (울컥해졌습니다.)

내가 바꾼 낱말 그 모습을 보니 (

)

♣ 문장을 바꿔 이어 써봐요

지난 주말에 저는 동생과 함께 집 앞 꽃밭에 꽃을 심었습니다.
그런데 오늘 물을 주려고 보니 쓰레기가 꽃 주위에 흩어져 있었습니다.
그 모습을 보니 속이 상했습니다. 꽃밭에 쓰레기를 버리지 않으면 좋겠습니다.
꽃은 쓰레기가 없는 깨끗한 꽃밭에서 건강하게 자랄 수 있습니다.

예시 (우리의 작은 노력으로 꽃을 지킬 수 있습니다.)

내가 바꾼 문장 (

)

복도에 안전 거울을 설치해 주세요

새 학기가 되고 며칠 지나지 않아, 우리 반에 다친 친구가 있었다. 복도 끝부분에서 갑자기 나타난 친구 때문에 미끄러져 다리에 금이 갔다. 이런 일은 비단 우리 학교에만 일어나는 일이 아니라고 본다. 어린이 신문에 따르면 최근 1년 동안 학교 안에서 일어난 안전사고가 16퍼센트 이상 늘었다고 한다. 그 가운데 복도에서 일어난 사고는 1만 7653건으로 전체 사고 장소에서 4위를 차지한다.

4-1 『국어 활동』 8단원 '복도에 안전 거울을 설치해 주세요' 중에서

✏ 예쁘게 따라 써봐요 ▶

새		학	기	가		되	고		며	칠		지	나	지	
않	아	,		우	리		반	에		다	친		친	구	
가		있	었	다	.		복	도		끝	부	분	에	서	∨
갑	자	기		나	타	난		친	구		때	문	에		
미	끄	러	져		다	리	에		금	이		갔	다	.	∨
이	런		일	은		비	단		우	리		학	교	에	
만		일	어	나	는		일	이		아	니	라	고		
본	다	.		어	린	이		신	문	에		따	르	면	∨

최근 1년 동안 학교 안에서 ∨
일어난 안전사고가 16퍼센트
이상 늘었다고 한다. 그 가
운데 복도에서 일어난 사고는 ∨
1만 7653건으로 전체 사고
장소에서 4위를 차지한다.

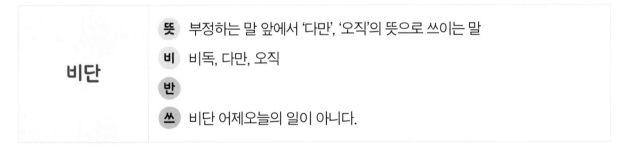

♣ 오늘의 낱말

비단	뜻 부정하는 말 앞에서 '다만', '오직'의 뜻으로 쓰이는 말
	비 비독, 다만, 오직
	반
	쓰 비단 어제오늘의 일이 아니다.

♣ 오늘의 낱말을 넣어 문장을 만들어 봐요

예시 그 친구가 나를 놀리는 건 비단 어제오늘의 일이 아니다.

내가 만든 문장

♣ 낱말을 바꿔 써봐요

복도 끝부분에서 갑자기 나타난 친구 때문에 (미끄러져) 다리에 금이 갔다.

예시 복도 끝부분에서 갑자기 나타난 친구 때문에 (넘어져) 다리에 금이 갔다.

내가 바꾼 낱말 복도 끝부분에서 갑자기 나타난 친구 때문에 (

) 다리에 금이 갔다.

♣ 문장을 바꿔 이어 써봐요

새 학기가 되고 며칠 지나지 않아, 우리 반에 다친 친구가 있었다. 복도 끝부분에서 갑자기 나타난 친구 때문에 미끄러져 다리에 금이 갔다.

예시 (그런데 며칠 전에도 학교에서 다른 학년 학생이 다쳤다고 한다.)

내가 바꾼 문장 (

)

어린이 신문에 따르면 최근 1년 동안 학교 안에서 일어난 안전사고가 16퍼센트 이상 늘었다고 한다. 그 가운데 복도에서 일어난 사고는 1만 7653건으로 전체 사고 장소에서 4위를 차지한다.

18 훈민정음의 탄생

오랜 시간을 묵묵히 연구한 끝에 세종은 '훈민정음' 28자를 완성했습니다.

그 뒤, 훈민정음은 백성들 사이에 퍼져 나갔습니다.

이제는 글을 읽지 못해 억울한 일을 당하는 사람이 줄었습니다.

한자를 배울 기회조차 적었던 여자들도 훈민정음을 익혀 책을 읽거나 편지를 썼습니다.

훈민정음은 그야말로 세종이 백성들에게 준 가장 큰 선물이었습니다.

4-1 『국어』9단원 '훈민정음의 탄생' 중에서
출처 | 『세종 대왕, 세계 최고의 문자를 발명하다』| 이은서 글 | 김지연 그림 | 보물창고

예쁘게 따라 써봐요 ▶

오랜　시간을　묵묵히　연구한
끝에　세종은　'훈민정음'　28
자를　완성했습니다.
그　뒤,　훈민정음은　백성들
사이에　퍼져　나갔습니다.
이제는　글을　읽지　못해　억울
한　일을　당하는　사람이　줄었
습니다.

한 자 를   배 울   기 회 조 차   적 었 던   ∨
여 자 들 도   훈 민 정 음 을   익 혀   책
을   읽 거 나   편 지 를   썼 습 니 다 .
훈 민 정 음 은   그 야 말 로   세 종 이
백 성 들 에 게   준   가 장   큰   선 물
이 었 습 니 다 .

◆ 오늘의 낱말을 익혀요 ▶

♣ 오늘의 낱말

묵묵히	뜻	입을 다문 채 말없이 잠잠하게
	비	잠잠히, 말없이, 잠자코
	반	소란스럽게, 떠벌리며
	쓰	묵묵히 생각에 잠기다. 묵묵히 듣고만 있다.

♣ 오늘의 낱말을 넣어 문장을 만들어 봐요

예시   나는 엄마의 말을 묵묵히 듣고만 있었다.

내가 만든 문장

♣ 낱말을 바꿔 써봐요

이제는 글을 읽지 못해 (억울한) 일을 당하는 사람이 줄었습니다.

예시 이제는 글을 읽지 못해 (부당한) 일을 당하는 사람이 줄었습니다.

내가 바꾼 낱말 이제는 글을 읽지 못해 (

) 일을 당하는 사람이 줄었습니다.

♣ 문장을 바꿔 이어 써봐요

오랜 시간을 묵묵히 연구한 끝에 세종은 '훈민정음' 28자를 완성했습니다.
그 뒤, 훈민정음은 백성들 사이에 퍼져 나갔습니다.
이제는 글을 읽지 못해 억울한 일을 당하는 사람이 줄었습니다.
한자를 배울 기회조차 적었던 여자들도 훈민정음을 익혀 책을 읽거나 편지를
썼습니다.

예시 (훈민정음 덕분에 백성의 삶이 180도 달라졌습니다.)

내가 바꾼 문장 (

)

한글이 위대한 이유

한글은 쉽고 빨리 배울 수 있는 문자이다. 영어 알파벳이 스물여섯 자이지만, 소문자, 대문자, 인쇄체, 필기체를 알아야 하니 100개가 넘고, 현재 중국어에서 사용하는 문자는 약 3500자이며, 일본의 가나 문자 역시 모든 문자를 따로 익혀야 한다. 반면에 한글은 일정한 원리에 따라 만들어졌기 때문에, 기본이 되는 자음자 다섯 개, 모음자 세 개만 익히면 다른 문자도 쉽게 익힐 수 있어 문자를 배우는 데 드는 시간이 놀랄 만큼 절약된다.

4-1 『국어』 9단원 '**한글이 위대한 이유**' 중에서
출처 | 『**세계 속의 한글**』 | 『**한글과 한국어 교육**』 박영순 글 | 박이정출판사

★ 예쁘게 따라 써봐요

한	글	은		쉽	고		빨	리		배	울		수	
있	는		문	자	이	다	.		영	어		알	파	벳
이		스	물	여	섯		자	이	지	만	,		소	문
자	,		대	문	자	,		인	쇄	체	,		필	기
체	를		알	아	야		하	니		10	0	개	가	
넘	고	,		현	재		중	국	어	에	서		사	용
하	는		문	자	는		약		35	00	자	이	며	,
일	본	의		가	나		문	자		역	시		모	든

문	자	를		따	로		익	혀	야		한	다	.		
반	면	에		한	글	은		일	정	한		원	리	에	∨
따	라		만	들	어	졌	기		때	문	에	,		기	
본	이		되	는		자	음	자		다	섯		개	,	∨
모	음	자		세		개	만		익	히	면		다	른	∨
문	자	도		쉽	게		익	힐		수		있	어		
문	자	를		배	우	는		데		드	는		시	간	
이		놀	랄		만	큼		절	약	된	다	.			

♣ **오늘의 낱말을 익혀요** ▶

♣ 오늘의 낱말

반면	뜻	뒤에 오는 말이 앞의 내용과 반대됨을 나타내는 말
	비	반대로
	반	
	쓰	말은 빠른 반면 행동은 느리다.

♣ 오늘의 낱말을 넣어 문장을 만들어 봐요

예시   나는 공부는 못하는 반면에 운동은 잘한다.

내가 만든 문장

♣ 낱말을 바꿔 써봐요

한글은 문자를 배우는 데 드는 시간이 놀랄 만큼 (절약된다.)

예시 한글은 문자를 배우는 데 드는 시간이 놀랄 만큼 (적었다.)

내가 바꾼 낱말 한글은 문자를 배우는 데 드는 시간이 놀랄 만큼 (

)

♣ 문장을 바꿔 이어 써봐요

한글은 예시 (세종대왕이 만든 글자이다.)

한글은 내가 바꾼 문장 (

)

영어 알파벳이 스물여섯 자이지만, 소문자, 대문자, 인쇄체, 필기체를 알아야 하니 100개가 넘고, 현재 중국어에서 사용하는 문자는 약 3500자이며, 일본의 가나 문자 역시 모든 문자를 따로 익혀야 한다. 반면에 한글은 일정한 원리에 따라 (후략…)

주시경

당시 우리나라에는 사람들이 두루 볼 만한 우리말 문법책이 없었어요. 많은 사람이 한문만을 글로 여기고 우리글에는 관심을 가지지 않았기 때문이지요. 주시경은 사람들이 쉽게 알아볼 수 있는 우리말 문법책을 만들기로 마음먹었어요. 도움이 될 만한 자료가 있다는 얘기를 들으면 먼 길도 마다하지 않고 찾아갔어요. 빌려 봐야 하는 자료는 일일이 베껴서 모았지요.

4-1 『국어』9단원 '**주시경**' 중에서
출처 | 『**주시경**』 이은정 글 | 김혜리 그림 | 비룡소

★ 예쁘게 따라 써봐요 ▶

당	시		우	리	나	라	에	는		사	람	들	이
두	루		볼		만	한		우	리	말		문	법	책
이		없	었	어	요	.		많	은		사	람	이
한	문	만	을		글	로		여	기	고		우	리	글
에	는		관	심	을		가	지	지		않	았	기
때	문	이	지	요	.		주	시	경	은		사	람	들
이		쉽	게		알	아	볼		수		있	는		우
리	말		문	법	책	을		만	들	기	로		마	음

먹었어요.　　도움이　될　만한
자료가　있다는　얘기를　들으면　∨
먼　길도　마다하지　않고　찾아
갔어요.　　빌려　봐야　하는　자
료는　일일이　베껴서　모았지요.

♣ 오늘의 낱말

베끼다	뜻 글이나 그림 따위를 원본 그대로 옮겨 쓰거나 그리다.
	비 필사하다, 모사하다, 복사하다
	반
	쓰 친구의 답을 베껴 쓰다. 책을 베끼다.

♣ 오늘의 낱말을 넣어 문장을 만들어 봐요

예시　책에서 마음에 드는 문장을 공책에 베껴 썼다.

내가 만든 문장

♣ 낱말을 바꿔 써봐요

(당시) 우리나라에는 사람들이 두루 볼 만한 우리말 문법책이 없었어요.

예시 (과거) 우리나라에는 사람들이 두루 볼 만한 우리말 문법책이 없었어요.

내가 바꾼 낱말 (

) 우리나라에는 사람들이 두루 볼 만한 우리말 문법책이 없었어요.

♣ 문장을 바꿔 이어 써봐요

당시 우리나라에는 사람들이 두루 볼 만한 우리말 문법책이 없었어요.

예시 (일제 시대에는 우리 말을 자유롭게 사용할 수 없었거든요.)

내가 바꾼 문장 (

)

주시경은 사람들이 쉽게 알아볼 수 있는 우리말 문법책을 만들기로 마음먹었어요. 도움이 될 만한 자료가 있다는 얘기를 들으면 먼 길도 마다하지 않고 찾아갔어요. 빌려 봐야 하는 자료는 일일이 베껴서 모았지요.

21 엄마가 딸들에게

십 년 전 막 태어난 너를 처음 안았을 때의 느낌이 아직도 생생하단다. 친구들과 어울려 놀러 다니는 너를 보면 우리 딸이 많이 컸다는 사실을 새삼 실감하곤 한단다. 언제나 바르게 생활하고, 하고 싶은 것도 많고 꿈도 많은 시연이가 엄마는 항상 자랑스럽단다. 앞으로도 지금처럼 건강하고, 좋아하는 일을 열심히 하는 시연이가 되면 좋겠구나.

언제나 사랑한다.

4-2 『국어 활동』 2단원 **'엄마가 딸들에게'** 중에서

✏ 예쁘게 따라 써봐요 ▶

십	년	전	막	태	어	난	너	를
처	음	안	았	을	때	의	느	낌	이	아
직	도	생	생	하	단	다	.	친	구	들	과
어	울	려	놀	러	다	니	는	너	를	보
면	우	리	딸	이	많	이	컸	다	는
사	실	을	새	삼	실	감	하	곤	한	단	다	.	∨
언	제	나	바	르	게	생	활	하	고	,	하
고	싶	은	것	도	많	고	꿈	도	많

은 시연이가 엄마는 항상 자
랑스럽단다. 앞으로도 지금
처럼 건강하고, 좋아하는 일
을 열심히 하는 시연이가 되
면 좋겠구나.
언제나 사랑한다.

♣ 오늘의 낱말

생생하다	뜻	마치 눈앞에 보는 것처럼 또렷하고 명백하다.
	비	또렷하다, 선명하다, 명백하다
	반	
	쓰	생생하게 표현하다. 생생한 감동

♣ 오늘의 낱말을 넣어 문장을 만들어 봐요

예시 1년 전 일이 어제 일처럼 생생하다.

내가 만든 문장

♣ 낱말을 바꿔 써봐요

십 년 전 막 태어난 너를 처음 안았을 때의 느낌이 아직도 (생생하단다.)

예시 십 년 전 막 태어난 너를 처음 안았을 때의 느낌이 아직도 (또렷하단다.)

내가 바꾼 낱말 십 년 전 막 태어난 너를 처음 안았을 때의 느낌이 아직도 (

)

♣ 문장을 바꿔 이어 써봐요

십 년 전 막 태어난 너를 처음 안았을 때의 느낌이 아직도 생생하단다. 친구들과 어울려 놀러 다니는 너를 보면 우리 딸이 많이 컸다는 사실을 새삼 실감하곤 한단다. 언제나 바르게 생활하고, 하고 싶은 것도 많고 꿈도 많은 시연이가 엄마는 항상 자랑스럽단다.

앞으로도 예시 (지금처럼 건강하고 밝은 모습을 잃지 않았으면 좋겠구나.)

앞으로도 내가 바꾼 문장 (

)

언제나 사랑한다.

좋은 사람과 사귀려면 좋은 인상을 주어라

사람은 동전과 같단다.

앞면과 뒷면이 같이 있어.

나쁘기만 한 사람도, 착하기만 한 사람도 없단다.

단점과 장점을 모두 갖고 있어.

그러므로 한 면만 보고 그 사람의 전체를 평가하는 것은 옳지 않아.

4-2 『국어』 2단원 '좋은 사람과 사귀려면 좋은 인상을 주어라' 중에서

출처 | 『아들아, 너는 미래를 이렇게 준비하렴』 | 필립 체스터필드 글 | 이일선 그림 | 박은호 옮김 | 글고은

✏ 예쁘게 따라 써봐요 ▶

사	람	은		동	전	과		같	단	다	.
앞	면	과		뒷	면	이		같	이		있	어	.
나	쁘	기	만		한		사	람	도	,		착	하	기
만		한		사	람	도		없	단	다	.
단	점	과		장	점	을		모	두		갖	고		있
어	.
그	러	므	로		한		면	만		보	고		그
사	람	의		전	체	를		평	가	하	는		것	은	∨

옳지 않아.

♣ 오늘의 낱말

평가하다	뜻	일정한 기준으로 따져서 그 가치나 수준을 판단하다.
	비	시험하다, 감정하다, 매기다
	반	
	쓰	높이 평가하다.

♣ 오늘의 낱말을 넣어 문장을 만들어 봐요

예시 엄마는 내 피아노 실력을 높이 평가한다.

내가 만든 문장

나도 작가

♣ 낱말을 바꿔 써봐요

사람은 (동전)과 같단다.

예시   사람은 (거울)과 같단다.

내가 바꾼 낱말   사람은 (

)과 같단다.

♣ 문장을 바꿔 이어 써봐요

사람은 동전과 같단다.

앞면과 뒷면이 같이 있어.

나쁘기만 한 사람도, 착하기만 한 사람도 없단다.

단점과 장점을 모두 갖고 있어.

그러므로   예시   (사람은 한쪽 모습만 보고 판단해서는 안 된단다.)

그러므로   내가 바꾼 문장   (

)

23

사라, 버스를 타다

어느 날 아침, 사라는 버스 앞쪽 자리가 얼마나 좋은 곳인지 알아보기로 마음먹

었습니다.

사라는 자리에서 일어나 좁은 통로로 걸어 나갔습니다.

별다른 것도 없어 보였습니다.

창문은 똑같이 지저분했고, 버스의 시끄러운 소리도 똑같았습니다.

앞쪽 자리가 뭐가 그리 대단하다는 것일까요?

4-2 『국어』 4단원 '**사라, 버스를 타다**' 중에서

출처 |『사라, 버스를 타다』| 윌리엄 밀러 글 | 존 워드 그림 | 박찬석 옮김 | 사계절

❋ 예쁘게 따라 써봐요 ▶

어	느		날		아	침,		사	라	는		버	스	∨
앞	쪽		자	리	가		얼	마	나		좋	은		곳
인	지		알	아	보	기	로		마	음	먹	었	습	니
다.														
사	라	는		자	리	에	서		일	어	나		좁	은	∨
통	로	로		걸	어		나	갔	습	니	다.			
별	다	른		것	도		없	어		보	였	습	니	다. ∨
창	문	은		똑	같	이		지	저	분	했	고,		

버스의 시끄러운 소리도 똑같았습니다.
앞쪽 자리가 뭐가 그리 대단하다는 것일까요?

◆ 오늘의 낱말을 익혀요 ▶

♣ 오늘의 낱말

별다르다	뜻	다른 것과 특별히 다르다.
	비	특이하다, 특별하다, 유별나다, 별스럽다
	반	
	쓰	별다른 이유 없이, 별다르게 생각하다.

♣ 오늘의 낱말을 넣어 문장을 만들어 봐요

예시 별다른 이유 없이 그 친구가 싫다.

내가 만든 문장

나도 작가

♣ 낱말을 바꿔 써봐요

사라는 버스 앞쪽 자리가 얼마나 좋은 곳인지 알아보기로 (마음먹었습니다.)

예시　사라는 버스 앞쪽 자리가 얼마나 좋은 곳인지 알아보기로 (결심했습니다.)

내가 바꾼 낱말　사라는 버스 앞쪽 자리가 얼마나 좋은 곳인지 알아보기로 (

)

♣ 문장을 바꿔 이어 써봐요

어느 날 아침, 사라는 버스 앞쪽 자리가 얼마나 좋은 곳인지 알아보기로 마음 먹었습니다.

사라는 자리에서 일어나 좁은 통로로 걸어 나갔습니다.

별다른 것도 없어 보였습니다.

예시　(의자 색이나 크기도 모두 같아 보였습니다.)

내가 바꾼 문장　(

)

앞쪽 자리가 뭐가 그리 대단하다는 것일까요?

우진이는 정말 멋져!

"우아, 윤아 공기 되게 잘한다!"

아이참, 정말 이상해요.

조금 전까지만 해도 윤아보다 내가 훨씬 더 잘했는데, 우진이가 나타나자마자

자꾸만 실수하는 거예요.

우진이 칭찬을 듣고 헤벌쭉 웃는 윤아가 참 얄미웠어요.

"나 공기놀이 그만할래."

4-2 『국어』 4단원 '우진이는 정말 멋져!' 중에서
출처 | 『콩닥콩닥 짝 바꾸는 날』 | 강정연 글 | 김진화 그림 | 시공주니어

예쁘게 따라 써봐요 ▶

"	우	아	,		윤	아		공	기		되	게		잘
한	다	!	"											
아	이	참	,		정	말		이	상	해	요	.		
조	금		전	까	지	만		해	도		윤	아	보	다
내	가		훨	씬		더		잘	했	는	데	,		우
진	이	가		나	타	나	자	마	자		자	꾸	만	
실	수	하	는		거	예	요	.						
우	진	이		칭	찬	을		듣	고		헤	벌	쭉	

웃는 윤아가 참 얄미웠어요.
"나 공기놀이 그만할래."

♣ 오늘의 낱말

얄밉다	뜻 말이나 행동이 매우 약아 마음에 들지 않는 데가 있다.
	비 밉살맞다, 밉다, 밉살스럽다
	반
	쓰 얄밉게 웃다. 얄밉게 여기다.

♣ 오늘의 낱말을 넣어 문장을 만들어 봐요

예시   어린 녀석이 되바라진 게 아주 얄밉다.

내가 만든 문장

나도 작가

♣ 낱말을 바꿔 써봐요

우진이 칭찬을 듣고 (헤벌쭉) 웃는 윤아가 참 얄미웠어요.

예시 우진이 칭찬을 듣고 (히죽) 웃는 윤아가 참 얄미웠어요.

내가 바꾼 낱말 우진이 칭찬을 듣고 (

) 웃는 윤아가 참 얄미웠어요.

♣ 문장을 바꿔 이어 써봐요

"우아, 윤아 공기 되게 잘한다!"

예시 (정말 우울해요.)

내가 바꾼 문장 (

)

조금 전까지만 해도 윤아보다 내가 훨씬 잘했는데, 우진이가 나타나자마자 자꾸만 실수하는 거예요.
우진이 칭찬을 듣고 헤벌쭉 웃는 윤아가 참 얄미웠어요.
"나 공기놀이 그만할래."

25

주인 잃은 옷

나는 아주 고운 세모시 옷감입니다.

처음 내가 옷감으로 곱게 짜였을 때 퍽 가슴이 설레었지요.

하지만 나는 꿈꾸었던 것과는 달리 어느 할아버지의 손에 팔려 갔습니다.

허리가 구부정하고 이마가 훤하게 벗겨진 할아버지는 한눈에도 부잣집의 기품

있는 사람하고는 거리가 멀어 보였습니다.

모진 풍파에 찌든 얼굴이 궁상맞아 보이기까지 했으니까요.

4-2 『국어 활동』 4단원 **'주인 잃은 옷'** 중에서
출처 | 『100년 후에도 읽고 싶은 한국 명작 동화 II』 | 『**주인 잃은 옷**』 | 원유순 글 | 예림당

★ 예쁘게 따라 써봐요 ▶

나	는		아	주		고	운		세	모	시		옷	감
입	니	다	.											
처	음		내	가		옷	감	으	로		곱	게		짜
였	을		때		퍽		가	슴	이		설	레	었	지
요	.													
하	지	만		나	는		꿈	꾸	었	던		것	과	는
달	리		어	느		할	아	버	지	의		손	에	
팔	려		갔	습	니	다	.							

허리가 구부정하고 이마가 훤하게 벗겨진 할아버지는 한눈에도 부잣집의 기품 있는 사람하고는 거리가 멀어 보였습니다. 모진 풍파에 찌든 얼굴이 궁상맞아 보이기까지 했으니까요.

♣ 오늘의 낱말

궁상맞다	뜻 꾀죄죄하고 초라하다.
	비 초라하다, 청승맞다, 꾀죄죄하다
	반
	쓰 궁상맞은 꼴

♣ 오늘의 낱말을 넣어 문장을 만들어 봐요

예시　비를 맞고 가는 내 모습이 궁상맞아 보였다.

내가 만든 문장

♣ 낱말을 바꿔 써봐요

처음 내가 옷감으로 곱게 짜였을 때 퍽 가슴이 (설레었지요.)

예시 처음 내가 옷감으로 곱게 짜였을 때 퍽 가슴이 (두근거렸지요.)

내가 바꾼 낱말 처음 내가 옷감으로 곱게 짜였을 때 퍽 가슴이 (

)

♣ 문장을 바꿔 이어 써봐요

나는 아주 고운 세모시 옷감입니다.

처음 내가 옷감으로 곱게 짜였을 때 퍽 가슴이 설레었지요.

하지만 나는 꿈꾸었던 것과는 달리 어느 할아버지의 손에 팔려 갔습니다.

허리가 구부정하고 이마가 훤하게 벗겨진 할아버지는 한눈에도 부잣집의 기품 있는 사람하고는 거리가 멀어 보였습니다.

예시 (말투도 거칠어 실망감이 들었습니다.)

내가 바꾼 문장 (

)

26 비 오는 날

영란이는 슬쩍 교문 앞을 보았다.

얼핏 담 모퉁이에 빛바랜 우산을 삐뚜름하게 쓰고 서 있는 아버지가 보였다.

영란이 아버지는 비를 흠씬 맞으면서도 영란이를 찾기 위해 닭처럼 목을 길게

빼고 두리번거렸다.

평소 영란이가 좋아하는 창수가 영란이 앞으로 지나갔다.

영란이는 저도 모르게 가슴이 철렁 내려앉았다.

4-2 『국어 활동』4단원 '비 오는 날' 중에서
출처 | 『두고두고 읽고 싶은 한국대표 창작동화 3』| 「초코파이」| 김자연 글 | 계림북스

✎ 예쁘게 따라 써봐요 ▶

영	란	이	는		슬	쩍		교	문		앞	을		보
았	다	.												
얼	핏		담		모	퉁	이	에		빛	바	랜		우
산	을		삐	뚜	름	하	게		쓰	고		서		있
는		아	버	지	가		보	였	다	.				
영	란	이		아	버	지	는		비	를		흠	씬	
맞	으	면	서	도		영	란	이	를		찾	기		위
해		닭	처	럼		목	을		길	게		빼	고	

두리번거렸다.
평소 영란이가 좋아하는 창수
가 영란이 앞으로 지나갔다. ∨
영란이는 저도 모르게 가슴이 ∨
철렁 내려앉았다.

♣ 오늘의 낱말

흠씬	**뜻** 정도가 심한 모양을 나타내는 말
	비 함씬, 잔뜩
	반
	쓰 물에 흠씬 젖다. 흠씬 두들겨 맞다.

♣ 오늘의 낱말을 넣어 문장을 만들어 봐요

예시 하굣길에 소나기를 만나 온몸이 흠씬 젖었다.

내가 만든 문장

♣ 낱말을 바꿔 써봐요

얼핏 담 모퉁이에 빛바랜 우산을 (삐뚜름하게) 쓰고 서 있는 아버지가 보였다.

예시 얼핏 담 모퉁이에 빛바랜 우산을 (헐렁하게) 쓰고 서 있는 아버지가 보였다.

내가 바꾼 낱말 얼핏 담 모퉁이에 빛바랜 우산을 (

) 쓰고 서 있는 아버지가 보였다.

♣ 문장을 바꿔 이어 써봐요

영란이는 슬쩍 교문 앞을 보았다.

얼핏 담 모퉁이에 빛바랜 우산을 삐뚜름하게 쓰고 서 있는 아버지가 보였다.

영란이 아버지는 비를 흠씬 맞으면서도 영란이를 찾기 위해 닭처럼 목을 길게 빼고 두리번거렸다.

평소 영란이가 좋아하는 창수가 영란이 앞으로 지나갔다.

예시 (혹시라도 나를 알아볼까 고개를 숙였다.)

내가 바꾼 문장 (

)

댐 건설 기관 담당자님께

홍수를 막으려면 우리 마을에 댐을 건설해야 한다고 하셨습니다.

하지만 저는 댐을 건설하는 것에 반대합니다.

우리 상수리에 댐을 건설하면 숲에 사는 동물들이 살 곳을 잃고, 우리는 만강의

물고기들을 다시는 볼 수 없게 될 것입니다.

그리고 마을 어른들께서는 평생 살아온 고향을 떠나야 한다고 말씀하십니다.

우리 마을에 댐을 건설하기로 한 계획을 취소해 주시기를 부탁합니다.

4-2 『국어』 5단원 '댐 건설 기관 담당자님께' 중에서

예쁘게 따라 써봐요 ▶

홍	수	를		막	으	려	면		우	리		마	을	에	∨
댐	을		건	설	해	야		한	다	고		하	셨	습	
니	다	.													
하	지	만		저	는		댐	을		건	설	하	는		
것	에		반	대	합	니	다	.							
우	리		상	수	리	에		댐	을		건	설	하	면	∨
숲	에		사	는		동	물	들	이		살		곳	을	∨
잃	고	,		우	리	는		만	강	의		물	고	기	

들을 다시는 볼 수 없게 될 ∨
것입니다.
그리고 마을 어른들께서는 평
생 살아온 고향을 떠나야 한
다고 말씀하십니다.
우리 마을에 댐을 건설하기로 ∨
한 계획을 취소해 주시기를
부탁합니다.

★ 오늘의 낱말을 익혀요 ▶

♣ 오늘의 낱말

취소하다	뜻 예정된 일이나 말을 없었던 것으로 하다.
	비 철회하다, 취하하다, 폐기하다
	반
	쓰 약속을 취소하다.

♣ 오늘의 낱말을 넣어 문장을 만들어 봐요

예시 갑자기 일이 생겨 오늘 친구를 만나기로 한 약속을 취소했다.

내가 만든 문장

♣ 낱말을 바꿔 써봐요

마을 어른들께서는 (평생) 살아온 고향을 떠나야 한다고 말씀하십니다.

예시 마을 어른들께서는 (그동안) 살아온 고향을 떠나야 한다고 말씀하십니다.

내가 바꾼 낱말 마을 어른들께서는 (

) 살아온 고향을 떠나야 한다고 말씀하십니다.

♣ 문장을 바꿔 이어 써봐요

홍수를 막으려면 우리 마을에 댐을 건설해야 한다고 하셨습니다.
하지만 저는 댐을 건설하는 것에 반대합니다.
우리 상수리에 댐을 건설하면 숲에 사는 동물들이 살 곳을 잃고, 우리는 만강
의 물고기들을 다시는 볼 수 없게 될 것입니다.
그리고 마을 어른들께서는 평생 살아온 고향을 떠나야 한다고 말씀하십니다.

예시 (홍수를 막을 다른 방법은 없을까요?)

내가 바꾼 문장 (

)

28

함께 사는 다문화,
왜 중요할까요?

다문화를 받아들이는 방법은 나와 다른 사람을 특별 대우 하는 것이 아니에요. 그들을 관심, 교육, 온정의 대상이 아니라 길거리에서 만나도 신기하지 않은 평범한 이웃이나 친구로 대하는 것이지요. 지하철 옆자리에 앉아도, 식당에서 마주쳐도 아무도 흘긋흘긋 훔쳐보지 않는 편안한 세상, '그들'이 아닌 '우리 중 하나'가 되게 하는 것이죠. 그리고 시간이 얼마쯤 더 지나면, 우리 동네에서 나와 피부색이 다른 경찰관, 소방관, 주민 센터 직원을 만날 수 있게 될지 모릅니다.

4-2 『국어 활동』5단원 '**함께 사는 다문화, 왜 중요할까요?**' 중에서
출처 | 『**함께 사는 다문화 왜 중요할까요?**』| 홍명진 글 | 조성민 그림 | 어린이나무생각

✏ 예쁘게 따라 써봐요 ▶

다	문	화	를		받	아	들	이	는		방	법	은	
나	와		다	른		사	람	을		특	별		대	우	∨
하	는		것	이		아	니	에	요	.		그	들	을	∨
관	심	,		교	육	,		온	정	의		대	상	이	∨
아	니	라		길	거	리	에	서		만	나	도		신	
기	하	지		않	은		평	범	한		이	웃	이	나	∨
친	구	로		대	하	는		것	이	지	요	.		지	

하철 옆자리에 앉아도, 식당에서 마주쳐도 아무도 흘긋흘긋 훔쳐보지 않는 편안한 세상, '그들'이 아닌 '우리 중 하나'가 되게 하는 것이죠. 그리고 시간이 얼마쯤 더 지나면, 우리 동네에서 나와 피부색이 다른 경찰관, 소방관, 주민 센터 직원을 만날 수 있게 될지 모릅니다.

✎ 오늘의 낱말을 익혀요 ▶

♣ 오늘의 낱말

온정	뜻	따뜻한 사랑이나 인정
	비	정, 애정, 사랑
	반	
	쓰	온정의 손길, 온정이 넘치는 말

♣ 오늘의 낱말을 넣어 문장을 만들어 봐요

예시 불우한 이웃을 돕기 위한 온정의 손길이 이어졌다.

내가 만든 문장

♣ 낱말을 바꿔 써봐요

다문화를 받아들이는 방법은 나와 다른 사람을 (특별 대우) 하는 것이 아니에요.

예시 다문화를 받아들이는 방법은 나와 다른 사람을 (차별) 하는 것이 아니에요.

내가 바꾼 낱말 다문화를 받아들이는 방법은 나와 다른 사람을 (

) 하는 것이 아니에요.

♣ 문장을 바꿔 이어 써봐요

다문화를 받아들이는 방법은 나와 다른 사람을 특별 대우 하는 것이 아니에요.
그들을 관심, 교육, 온정의 대상이 아니라 길거리에서 만나도 신기하지 않은
평범한 이웃이나 친구로 대하는 것이지요. 예시 (특별히 더 의식할 필요가 없

어요.)

내가 바꾼 문장 (

)

정약용

정약용은 암행어사로 일하는 동안 지방 관리가 어떤 마음을 가져야 하는지에 대해 깊이 생각했어요.

임금이 아무리 나라를 잘 다스려도 지방 관리가 나쁜 짓을 일삼으면 백성은 어렵게 살 수밖에 없다는 것을 알게 되었거든요.

어릴 때 아버지 옆에서 보았던 백성의 어려운 삶도 머릿속을 떠나지 않았어요.

정약용은 이런 생각들을 자세히 담은 『목민심서』라는 책을 펴냈어요.

4-2 『국어』 6단원 '정약용' 중에서
출처 『정약용』 | 김은미 글 | 홍선주 그림 | 비룡소

예쁘게 따라 써봐요

정	약	용	은		암	행	어	사	로		일	하	는
동	안		지	방		관	리	가		어	떤		마	음
을		가	져	야		하	는	지	에		대	해		깊
이		생	각	했	어	요	.						
임	금	이		아	무	리		나	라	를		잘		다
스	려	도		지	방		관	리	가		나	쁜		짓
을		일	삼	으	면		백	성	은		어	렵	게
살		수	밖	에		없	다	는		것	을		알	게

∨

되었거든요.
어릴 때 아버지 옆에서 보았
던 백성의 어려운 삶도 머릿
속을 떠나지 않았어요.
정약용은 이런 생각들을 자세
히 담은 『목민심서』라는 책
을 펴냈어요.

♣ 오늘의 낱말

일삼다	뜻	좋지 않은 일을 계속하여 저지르다.
	비	자행하다
	반	
	쓰	도둑질을 일삼다.

♣ 오늘의 낱말을 넣어 문장을 만들어 봐요

예시 온갖 나쁜 짓을 일삼는 친구가 한 명 있다.

내가 만든 문장

♣ 낱말을 바꿔 써봐요

정약용은 이런 생각들을 자세히 담은『목민심서』라는 책을 (펴냈어요.)

예시 정약용은 이런 생각들을 자세히 담은『목민심서』라는 책을 (집필했어요.)

내가 바꾼 낱말 정약용은 이런 생각들을 자세히 담은『목민심서』라는 책을 (

)

♣ 문장을 바꿔 이어 써봐요

정약용은 암행어사로 일하는 동안 지방 관리가 어떤 마음을 가져야 하는지에 대해 깊이 생각했어요.

예시 (지방 관리의 마음가짐에 따라 백성의 삶이 달라지는 것을 봐왔기 때

문이에요.)

내가 바꾼 문장 (

)

어릴 때 아버지 옆에서 보았던 백성의 어려운 삶도 머릿속을 떠나지 않았어요.

헬렌 켈러

다른 사람들과 의사소통을 할 수 없게 되자 헬렌은 슬퍼하는 날이 많아졌습니다.

그리고 화를 잘 내고 소리를 지르며 걷어차고 물어뜯고 때렸습니다.

헬렌은 제멋대로였고 성격이 난폭해져서 집안 식구들을 괴롭혔습니다.

그러나 자신이 다른 사람을 얼마나 괴롭히는지 알지 못했습니다.

4-2 『국어』 6단원 '헬렌 켈러' 중에서
출처 | 『사흘만 볼 수 있다면 그리고 헬렌 켈러 이야기』 | 헬렌 켈러 글 | 신여명 옮김 | 두레아이들

예쁘게 따라 써봐요 ▶

다	른		사	람	들	과		의	사	소	통	을		할	∨
수		없	게		되	자		헬	렌	은		슬	퍼	하	
는		날	이		많	아	졌	습	니	다	.				
그	리	고		화	를		잘		내	고		소	리	를	∨
지	르	며		걷	어	차	고		물	어	뜯	고		때	
렸	습	니	다	.											
헬	렌	은		제	멋	대	로	였	고		성	격	이		
난	폭	해	져	서		집	안		식	구	들	을		괴	

롭	혔	습	니	다	.					
그	러	나		자	신	이		다	른		사	람	을
얼	마	나		괴	롭	히	는	지		알	지		못	했
습	니	다	.							

♣ 오늘의 낱말

의사소통	뜻	가지고 있는 생각이나 뜻이 통함
	비	소통, 교류
	반	
	쓰	원활한 의사소통

♣ 오늘의 낱말을 넣어 문장을 만들어 봐요

예시 서로 오해가 생기지 않기 위해 의사소통을 잘 해야 한다.

내가 만든 문장

나도 작가

♣ 낱말을 바꿔 써봐요

그리고 (화를 잘 내고) 소리를 지르며 걷어차고 물어뜯고 때렸습니다.

102

예시   그리고 (욱하고) 소리를 지르며 걷어차고 물어뜯고 때렸습니다.

내가 바꾼 낱말   그리고 (

) 소리를 지르며 걷어차고 물어뜯고 때렸습니다.

♣ 문장을 바꿔 이어 써봐요

다른 사람들과 의사소통을 할 수 없게 되자 헬렌은 슬퍼하는 날이 많아졌습니다.

그리고 화를 잘 내고 소리를 지르며 걷어차고 물어뜯고 때렸습니다.

예시   (헬렌의 난폭한 행동으로 가족들은 다치곤 했습니다.)

내가 바꾼 문장   (

)

그러나 자신이 다른 사람을 얼마나 괴롭히는지 알지 못했습니다.

임금님을 공부시킨 책벌레

1567년, 선조가 조선의 14대 임금이 되었습니다.

궁궐에서는 성대한 즉위식이 열렸습니다.

보좌에 앉은 선조가 고개를 조아린 신하들 앞에서 말했습니다.

"과인이 책을 잡고 어엿한 왕이 되려고 마음먹은 데는 유희춘의 공로가 크다.

어서 유배 가 있는 유희춘을 불러오너라.!"

"명을 받들겠나이다."

4-2 『국어 활동』 6단원 '임금님을 공부시킨 책벌레' 중에서
출처 | 『우리 조상들은 얼마나 책을 좋아했을까?』 | 마술연필 글 | 김미은 그림 | 보물창고

예쁘게 따라 써봐요 ▶

1567	년,		선	조	가		조	선	의		14	대	∨
임	금	이		되	었	습	니	다.					
궁	궐	에	서	는		성	대	한		즉	위	식	이
열	렸	습	니	다.									
보	좌	에		앉	은		선	조	가		고	개	를
조	아	린		신	하	들		앞	에	서		말	했	습
니	다.												
"	과	인	이		책	을		잡	고		어	엿	한

왕이 되려고 마음먹은 데는
유희춘의 공로가 크다. 어서
유배가 있는 유희춘을 불러
오너라!"
"명을 받들겠나이다." V

♣ 오늘의 낱말

어엿하다	뜻	행동에 거리낌이 없이 당당하고 떳떳하다.
	비	버젓하다, 당당하다, 떳떳하다
	반	
	쓰	어엿한 성인이 되다.

♣ 오늘의 낱말을 넣어 문장을 만들어 봐요

예시 코흘리개 친구가 이제는 어엿한 아가씨가 되었다.

내가 만든 문장

♣ 낱말을 바꿔 써봐요

궁궐에서는 (성대한) 즉위식이 열렸습니다.

예시 궁궐에서는 (화려한) 즉위식이 열렸습니다.

내가 바꾼 낱말 궁궐에서는 (   ) 즉위식이 열렸습니다.

♣ 문장을 바꿔 이어 써봐요

1567년, 선조가 조선의 14대 임금이 되었습니다.
궁궐에서는 성대한 즉위식이 열렸습니다.

예시 (임금이 된 선조는 가장 먼저 이렇게 말했습니다.)

내가 바꾼 문장 (

)

"과인이 책을 잡고 어엿한 왕이 되려고 마음먹은 데는 유희춘의 공로가 크다.
어서 유배 가 있는 유희춘을 불러오너라!"
"명을 받들겠나이다."

32

『세시 풍속』을 읽고

학교 도서관에서 책을 고르다가『세시 풍속』이라는 책을 읽었습니다. 이 책은 우리 조상이 농사일로 고된 일상 속에서 빼먹지 않고 지켜 오던 일 년의 세시 풍속을 담은 책입니다. 세시 풍속은 옛날에만 있었던 것인 줄 알았는데 오늘날 우리 삶에도 많이 남아 있어서 신기했습니다.

책은 계절의 차례대로 봄, 여름, 가을, 겨울의 세시 풍속을 소개했습니다. 지금 계절이 겨울이므로 겨울 부분부터 읽어 보았습니다.

4-2 『국어』 7단원 『**세시 풍속**』을 **읽고**' 중에서

✏️ **예쁘게 따라 써봐요** ▶

학	교		도	서	관	에	서		책	을		고	르	다
가		『	세	시		풍	속	』	이	라	는		책	을	∨
읽	었	습	니	다	.		이		책	은		우	리	
조	상	이		농	사	일	로		고	된		일	상	
속	에	서		빼	먹	지		않	고		지	켜		오
던		일		년	의		세	시		풍	속	을		담
은		책	입	니	다	.		세	시		풍	속	은	
옛	날	에	만		있	었	던		것	인		줄		알

왔는데 오늘날 우리 삶에도
많이 남아 있어서 신기했습니
다.
책은 계절의 차례대로 봄,
여름, 가을, 겨울의 세시
풍속을 소개했습니다.
지금 계절이 겨울이므로 겨울 ∨
부분부터 읽어 보았습니다.

♣ 오늘의 낱말

세시 풍속	뜻	해마다 일정한 시기에 되풀이하여 행해 온 고유의 풍속
	비	풍습
	반	
	쓰	고유의 세시 풍속

♣ 오늘의 낱말을 넣어 문장을 만들어 봐요

예시 우리 고유의 세시 풍속에는 조상들의 지혜가 담겨 있다.

내가 만든 문장

나도 작가

♣ 낱말을 바꿔 써봐요

학교 도서관에서 책을 (고르다가) 『세시 풍속』이라는 책을 읽었습니다.

예시 학교 도서관에서 책을 (살펴보다) 『세시 풍속』이라는 책을 읽었습니다.

내가 바꾼 낱말 학교 도서관에서 책을 (

) 『세시 풍속』이라는 책을 읽었습니다.

♣ 문장을 바꿔 이어 써봐요

학교 도서관에서 책을 고르다가 『세시 풍속』이라는 책을 읽었습니다.
이 책은 우리 조상이 농사일로 고된 일상 속에서 빼먹지 않고 지켜 오던 일 년
의 세시 풍속을 담은 책입니다.

예시 (익숙한 세시 풍속도 있었고, 생전 처음 보는 것도 있어 신기했습니다.)

내가 바꾼 문장 (

)

책은 계절의 차례대로 봄, 여름, 가을, 겨울의 세시 풍속을 소개했습니다.
지금 계절이 겨울이므로 겨울 부분부터 읽어 보았습니다.

33

어머니의 이슬털이

사람 하나 겨우 다닐 좁은 산길 양옆으로 풀잎이 우거져 길 한가운데로 늘어져 있었다. 아침이면 풀잎마다 이슬방울이 조롱조롱 매달려 있었다. 어머니는 내게 가방을 넘겨준 다음 내가 가야 할 산길의 이슬을 털어 내기 시작했다. 어머니의 일 바지 자락이 이내 아침 이슬에 흥건히 젖었다. 어머니는 발로 이슬을 털고, 지겟작대기로 이슬을 털었다.

4-2 『국어』 7단원 '**어머니의 이슬털이**' 중에서
출처 | 『**어머니의 이슬털이**』 | 이순원 글 | 송은실 그림 | 북극곰

✦ 예쁘게 따라 써봐요 ▶

사	람		하	나		겨	우		다	닐		좁	은	
산	길		양	옆	으	로		풀	잎	이		우	거	져	∨
길		한	가	운	데	로		늘	어	져		있	었	다	. ∨
아	침	이	면		풀	잎	마	다		이	슬	방	울	이	∨
조	롱	조	롱		매	달	려		있	었	다	.		어	
머	니	는		내	게		가	방	을		넘	겨	준		
다	음		내	가		가	야		할		산	길	의		
이	슬	을		털	어		내	기		시	작	했	다	.	∨

어머니의 일 바지 자락이 이
내 아침 이슬에 흥건히 젖었
다. 어머니는 발로 이슬을
털고, 지겟작대기로 이슬을
털었다.

♣ 오늘의 낱말

흥건히	**뜻** 물 따위가 푹 잠기거나 고일 정도로 많게
	비 건히, 흠씬
	반
	쓰 흥건히 젖다.

♣ 오늘의 낱말을 넣어 문장을 만들어 봐요

예시 내 셔츠가 비에 흥건히 젖었다.

내가 만든 문장

 나도 작가

♣ **낱말을 바꿔 써봐요**

아침이면 풀잎마다 이슬방울이 (조롱조롱) 매달려 있었다.

예시 아침이면 풀잎마다 이슬방울이 (대롱대롱) 매달려 있었다.

내가 바꾼 낱말 아침이면 풀잎마다 이슬방울이 (

) 매달려 있었다.

♣ **문장을 바꿔 이어 써봐요**

사람 하나 겨우 다닐 좁은 산길 양옆으로 풀잎이 우거져 길 한가운데로 늘어져 있었다. 아침이면 풀잎마다 이슬방울이 조롱조롱 매달려 있었다. 어머니는 내게 가방을 넘겨준 다음 내가 가야 할 산길의 이슬을 털어 내기 시작했다. 어머니의 일 바지 자락이 이내 아침 이슬에 흥건히 젖었다.

예시 (하지만 어머니는 개의치 않는 듯 이슬을 털어 냈다.)

내가 바꾼 문장 (

)

34

투발루에게 수영을
가르칠 걸 그랬어!

로자가 투발루의 털을 쓰다듬고 바다로 가면 투발루는 긴 꼬랑지를 바짝 세우고 야자나무 숲으로 들어가지. 투발루는 물을 너무너무 싫어하거든. 둘은 이렇게 따로따로 한참을 신나게 놀아. 하지만 돌아오는 길에는 꼭 만났어. 투발루가 길가에 오도카니 앉아 로자를 기다려 주었거든.

4-2 『국어』 7단원 **'투발루에게 수영을 가르칠 걸 그랬어!'** 중에서
출처 | 『**투발루에게 수영을 가르칠 걸 그랬어!**』 유다정 글 | 박재현·이예휘 그림 | 미래아이

✎ **예쁘게 따라 써봐요** ▶

로	자	가		투	발	루	의		털	을		쓰	다	듬
고		바	다	로		가	면		투	발	루	는		긴	∨
꼬	랑	지	를		바	짝		세	우	고		야	자	나
무		숲	으	로		들	어	가	지	.		투	발	루
는		물	을		너	무	너	무		싫	어	하	거	든	.	∨
둘	은		이	렇	게		따	로	따	로		한	참	을	∨
신	나	게		놀	아	.		하	지	만		돌	아	오
는		길	에	는		꼭		만	났	어	.		투	발

| 루 | 가 | | 길 | 가 | 에 | | 오 | 도 | 카 | 니 | | | 앉 | 아 | |
| 로 | 자 | 를 | | 기 | 다 | 려 | | 주 | 었 | 거 | 든 | . | | | |

♣ 오늘의 낱말

오도카니	뜻	넋이 나간 듯이 가만히 한자리에 서 있거나 앉아 있는 모양
	비	우두커니, 멍하니
	반	
	쓰	오도카니 서서

♣ 오늘의 낱말을 넣어 문장을 만들어 봐요

예시 엄마가 오기만을 오도카니 서서 하염없이 기다렸다.

내가 만든 문장

나도 작가

♣ 낱말을 바꿔 써봐요

둘은 이렇게 (따로따로) 한참을 신나게 놀아.

114

둘은 이렇게 (제각각) 한참을 신나게 놀아.

내가 바꾼 낱말 둘은 이렇게 (

) 한참을 신나게 놀아.

♣ **문장을 바꿔 이어 써봐요**

로자가 고양이 투발루의 털을 쓰다듬고 바다로 가면 투발루는 긴 꼬랑지를 바짝 세우고 야자나무 숲으로 들어가지. 투발루는 물을 너무너무 싫어하거든. 둘은 이렇게 따로따로 한참을 신나게 놀아. 하지만 돌아오는 길에는 꼭 만났어.

예시 (마지막에는 늘 함께였지.)

내가 바꾼 문장 (

)

35

나의 꿈, 나의 미래

나는 사실 내 꿈이 무엇인지 모른다. 예전에는 과학자였지만 지금은 연예인이 되고 싶기도 하다. 하은이처럼 내 꿈은 계속 바뀌고 나는 한 번도 꿈에 대해 진지하게 생각한 적이 없다.

하지만 이 책을 읽고 꿈은 내가 살아가면서 목표를 두고 노력해야 하는 것이라는 사실을 깨달았다. 앞으로는 내가 좋아하고 즐길 수 있는 것을 발견해서 그것을 이루려고 더 노력해야겠다.

4-2 『국어 활동』 7단원 '**나의 꿈, 나의 미래**' 중에서

✎ 예쁘게 따라 써봐요 ▶

나	는		사	실		내		꿈	이		무	엇	인	지	∨
모	른	다	.		예	전	에	는		과	학	자	였	지	
만		지	금	은		연	예	인	이		되	고		싶	
기	도		하	다	.		하	은	이	처	럼		내		
꿈	은		계	속		바	뀌	고		나	는		한		
번	도		꿈	에		대	해		진	지	하	게		생	
각	한		적	이		없	다	.							
하	지	만		이		책	을		읽	고		꿈	은		

내가 살아가면서 목표를 두고 ∨
노력해야 하는 것이라는 사실
을 깨달았다.
앞으로는 내가 좋아하고 즐길 ∨
수 있는 것을 발견해서 그것
을 이루려고 더 노력해야겠다.

♣ 오늘의 낱말

진지하다	뜻	참되고 착실하다.
	비	참되다, 성실하다, 진중하다
	반	
	쓰	진지하게 대하다. 진지한 대화

♣ 오늘의 낱말을 넣어 문장을 만들어 봐요

예시 우리 선생님은 내 말을 진지하게 들어 주셨다.

내가 만든 문장

♣ 낱말을 바꿔 써봐요

(예전에는) 과학자였지만 지금은 연예인이 되고 싶기도 하다.

예시　(어렸을 때는) 과학자였지만 지금은 연예인이 되고 싶기도 하다.

내가 바꾼 낱말　(

) 과학자였지만 지금은 연예인이 되고 싶기도 하다.

♣ 문장을 바꿔 이어 써봐요

하은이처럼 내 꿈은 계속 바뀌고 나는 한 번도 꿈에 대해 진지하게 생각한 적이
없다.
하지만 이 책을 읽고 꿈은 내가 살아가면서 목표를 두고 노력해야 하는 것이라
는 사실을 깨달았다.　예시　(비록 아직은 꿈을 발견하지 못했지만, 언젠가 꿈

을 갖게 된다면 열심히 노력해야겠다.)

내가 바꾼 문장　(

)

36 멋진 사냥꾼 잠자리

잠자리 눈에는 작은 눈이 2만 개가 넘게 빽빽이 모여 있어.

그만큼 눈이 좋다는 얘기야.

잠자리는 고개를 돌리지 않고도 앞, 뒤, 옆, 위, 아래 어디든 볼 수 있어.

멀리서 움직이는 것도 금방 알아보지.

잠자리가 먹이를 쫓을 땐 정말 빨라.

4-2 『국어 활동』 7단원 『멋진 사냥꾼 잠자리』 중에서
출처 | 『멋진 사냥꾼 잠자리』 | 안은영 글그림 | 길벗어린이

▶ 예쁘게 따라 써봐요 ▶

잠	자	리		눈	에	는		작	은		눈	이		2
만		개	가		넘	게		빽	빽	이		모	여	
있	어	.												
그	만	큼		눈	이		좋	다	는		얘	기	야	.
잠	자	리	는		고	개	를		돌	리	지		않	고
도		앞	,		뒤	,		옆	,		위	,		아
래		어	디	든		볼		수		있	어	.		
멀	리	서		움	직	이	는		것	도		금	방	

알	아	보	지	.						
잠	자	리	가		먹	이	를		쫓	을
땐		정								
말		빨	라	.						

♣ **오늘의 낱말**

빽빽하다	**뜻** 사이가 촘촘하다.
	비 조밀하다, 치밀하다, 울창하다
	반 듬성듬성하다, 성기다, 드물다
	쓰 발 디딜 틈 없이 빽빽하다. 빽빽하게 들어차다.

♣ **오늘의 낱말을 넣어 문장을 만들어 봐요**

예시 10년이 지나자 숲은 나무들로 빽빽하게 들어찼다.

내가 만든 문장

나도 작가

♣ **낱말을 바꿔 써봐요**

멀리서 움직이는 것도 (금방) 알아보지.

예시 멀리서 움직이는 것도 (잘) 알아보지.

내가 바꾼 낱말   멀리서 움직이는 것도 (

) 알아보지.

♣ 문장을 바꿔 이어 써봐요

잠자리 눈에는 작은 눈이 2만 개가 넘게 빽빽이 모여 있어.

예시   (얼마나 잘 보일까?)

내가 바꾼 문장   (

)

잠자리는 고개를 돌리지 않고도 앞, 뒤, 옆, 위, 아래 어디든 볼 수 있어.

멀리서 움직이는 것도 금방 알아보지.

잠자리가 먹이를 쫓을 땐 정말 빨라.

37

당나귀를 팔러 간 아버지와 아이

햇볕이 내리쬐는 무척 더운 날이었어요.

아버지와 아이가 당나귀를 끌고 시장에 가고 있었어요.

아버지와 아이는 땀을 뻘뻘 흘렸어요.

그 모습을 본 농부가 비웃으며 말했어요.

"쯧쯧, 당나귀를 타고 가면 될 걸 저렇게 미련해서야……."

4-2 『국어』 8단원 **'당나귀를 팔러 간 아버지와 아이'** 중에서

✎ **예쁘게 따라 써봐요** ▶

햇	볕	이		내	리	쬐	는		무	척		더	운
날	이	었	어	요	.
아	버	지	와		아	이	가		당	나	귀	를		끌
고		시	장	에		가	고		있	었	어	요	.
아	버	지	와		아	이	는		땀	을		뻘	뻘
흘	렸	어	요	.
그		모	습	을		본		농	부	가		비	웃	으
며		말	했	어	요	.

> "쯧쯧,　당나귀를　타고　가면 ∨
> 될　걸　저렇게　미련해서야……."

◆ 오늘의 낱말을 익혀요 ▶

♣ 오늘의 낱말

내리쬐다	**뜻** 햇볕 따위가 아래로 세차게 비치다.
	비 내리쪼이다, 비치다
	반
	쓰 햇볕이 내리쬐다.

♣ 오늘의 낱말을 넣어 문장을 만들어 봐요

예시 　오후가 되니 햇볕이 쨍쨍 내리쬐기 시작했다.

내가 만든 문장

 나도 작가

♣ 낱말을 바꿔 써봐요

아버지와 아이는 땀을 (뻘뻘) 흘렸어요.

예시 아버지와 아이는 땀을 (삐질삐질) 흘렸어요.

내가 바꾼 낱말 아버지와 아이는 땀을 (   ) 흘렸어요.

♣ 문장을 바꿔 이어 써봐요

예시 (아주 무더운 날이었어요.)

내가 바꾼 문장 (

)

아버지와 아이가 당나귀를 끌고 시장에 가고 있었어요.

아버지와 아이는 땀을 뻘뻘 흘렸어요.

그 모습을 본 농부가 비웃으며 말했어요.

"쯧쯧, 당나귀를 타고 가면 될 걸 저렇게 미련해서야……."

38

숲을 보호합시다

사람들은 숲에서 생활에 필요한 여러 가지 물건을 얻습니다.

이로 말미암아 숲이 파괴되고 생물들의 보금자리가 사라집니다.

우리는 이런 숲을 보호하고 생물들의 보금자리를 지켜 주어야 합니다.

그렇게 하려면 어떻게 해야 할까요?

첫째, 자원의 낭비를 막아야 합니다.

4-2 『국어 활동』 8단원 '**숲을 보호합시다**' 중에서

* **예쁘게 따라 써봐요** ▶

사	람	들	은		숲	에	서		생	활	에		필	요
한		여	러		가	지		물	건	을		얻	습	니
다	.													
이	로		말	미	암	아		숲	이		파	괴	되	고	∨
생	물	들	의		보	금	자	리	가		사	라	집	니
다	.													
우	리	는		이	런		숲	을		보	호	하	고	
생	물	들	의		보	금	자	리	를		지	켜		주

어야 합니다.
그렇게 하려면 어떻게 해야
할까요?
첫째, 자원의 낭비를 막아야 ∨
합니다.

오늘의 낱말을 익혀요 ▶

♣ 오늘의 낱말

보금자리	뜻	새가 알을 낳거나 깃들이는 곳
	비	둥지, 둥우리, 안식처
	반	
	쓰	새들의 보금자리

♣ 오늘의 낱말을 넣어 문장을 만들어 봐요

예시 까치가 전봇대 높은 곳에 보금자리를 틀었다.

내가 만든 문장

♣ 낱말을 바꿔 써봐요

이로 말미암아 숲이 (파괴되고) 생물들의 보금자리가 사라집니다.

예시 이로 말미암아 숲이 (줄어들고) 생물들의 보금자리가 사라집니다.

내가 바꾼 낱말 이로 말미암아 숲이 (

) 생물들의 보금자리가 사라집니다.

♣ 문장을 바꿔 이어 써봐요

사람들은 숲에서 생활에 필요한 여러 가지 물건을 얻습니다.

이로 말미암아 숲이 파괴되고 생물들의 보금자리가 사라집니다.

우리는 이런 숲을 보호하고 생물들의 보금자리를 지켜 주어야 합니다.

그렇게 하려면 어떻게 해야 할까요?

첫째, 예시 (물건을 아껴 써야 합니다.)

첫째, 내가 바꾼 문장 (

)

자유가 뭐예요?

우리는 자신의 자유만 주장할 수 없습니다.

우리는 여러 사람과 함께 살고 있기 때문에 다른 사람의 자유를 위해서 자신의 자유를 조금 제한하고 상대방을 존중해야 합니다. 이것을 깨닫게 된다면 우리는 자기 마음대로 하고 싶은 충동을 스스로 참고 절제할 것입니다. 이때 우리는 자율적으로 행동하는 사람이 되며 그때에야 비로소 사회 속에서 참된 자유를 누릴 수 있게 됩니다.

4-2 『국어 활동』 8단원 **'자유가 뭐예요?'** 중에서
출처 | 『**자유가 뭐예요?**』| 오스카 브르니피에 글 | 프레데릭 레베나 그림 | 양진희 옮김 | 상수리

예쁘게 따라 써봐요

우	리	는		자	신	의		자	유	만		주	장	할	V
수		없	습	니	다	.									
우	리	는		여	러		사	람	과		함	께		살	
고		있	기		때	문	에		다	른		사	람	의	V
자	유	를		위	해	서		자	신	의		자	유	를	V
조	금		제	한	하	고		상	대	방	을		존	중	
해	야		합	니	다	.		이	것	을		깨	닫	게	V
된	다	면		우	리	는		자	기		마	음	대	로	V

하고 싶은 충동을 스스로 참
고 절제할 것입니다. 이때
우리는 자율적으로 행동하는
사람이 되며 그때에야 비로소 ∨
사회 속에서 참된 자유를 누
릴 수 있게 됩니다.

◆ 오늘의 낱말을 익혀요 ▶

♣ 오늘의 낱말

충동	뜻	순간적으로 어떤 행동을 하고 싶은 욕구를 느끼는 것
	비	본능, 선동
	반	
	쓰	충동에 이끌리다. 충동적으로 행동하다.

♣ 오늘의 낱말을 넣어 문장을 만들어 봐요

예시 충동에 이끌려 행동하면 나중에 반드시 후회한다.

내가 만든 문장

♣ 낱말을 바꿔 써봐요

다른 사람의 자유를 위해서 자신의 자유를 (제한하고) 상대방을 존중해야 합니다.

예시   다른 사람의 자유를 위해서 자신의 자유를 (양보하고) 상대방을 존중해야

합니다.

내가 바꾼 낱말   다른 사람의 자유를 위해서 자신의 자유를 (

) 상대방을 존중해야 합니다.

♣ 문장을 바꿔 이어 써봐요

예시   (참된 자유란 무엇일까요?)

내가 바꾼 문장   (

)

우리는 여러 사람과 함께 살고 있기 때문에 다른 사람의 자유를 위해서 자신의

자유를 조금 제한하고 상대방을 존중해야 합니다.(후략…)

지하 주차장

지하 주차장으로

차 가지러 내려간 아빠

한참 만에

차 몰고 나와 한다는 말이

내려가고 내려가고 또 내려갔는데 글쎄, 계속 지하로 계단이 있는 거야!

4-2 『국어』 9단원 '**지하 주차장**' 중에서
출처 | 『지각 중계석』, 「**지하 주차장**」 | 김현욱 글 | 이순표 그림 | 문학동네

> ✷ 예쁘게 따라 써봐요 ▶

지	하		주	차	장	으	로				
차		가	지	러		내	려	간		아	빠
한	참		만	에							
차		몰	고		나	와		한	다	는		말	이
내	려	가	고		내	려	가	고		또		내	려	갔
는	데		글	쎄	,		계	속		지	하	로		계
단	이		있	는		거	야	!			

♣ 오늘의 낱말

한참	뜻	시간이 꽤 지나는 동안
	비	오랫동안, 한동안
	반	잠깐
	쓰	한참 전에, 한참 만에

♣ 오늘의 낱말을 넣어 문장을 만들어 봐요

예시 친구와 나는 말없이 한참을 걸었다.

내가 만든 문장

나도 작가

♣ 낱말을 바꿔 써봐요

(한참 만에) 차 몰고 나와 한다는 말이

예시 (한참 뒤에) 차 몰고 나와 한다는 말이

내가 바꾼 낱말 (   ) 차 몰고 나와 한다는 말이

♣ 문장을 바꿔 이어 써봐요

지하 주차장으로

차 가지러 내려간 아빠

한참 만에

차 몰고 나와 한다는 말이

예시 (우리 차가 감쪽같이 사라졌어!)

내가 바꾼 문장   (

)

멸치 대왕의 꿈

옛날 동쪽 바다에 멸치 대왕이 살고 있었어.

그런데 어느 날 아주 이상한 꿈을 꾸었지.

꿈속에서 멸치 대왕이 하늘을 오르락내리락, 구름 속을 왔다 갔다, 그러다가 갑

자기 흰 눈이 펄펄 내리더니 추웠다가 더웠다가 하는 거야.

멸치 대왕은 무슨 꿈인지 몹시 궁금했어.

4-2 『국어』 9단원 '**멸치 대왕의 꿈**' 중에서

출처 | 『**멸치 대왕의 꿈**』 | 천미진 글 | 이종균 그림 | 키즈엠

✿ 예쁘게 따라 써봐요 ▶

옛	날		동	쪽		바	다	에		멸	치		대	왕
이		살	고		있	었	어	.						
그	런	데		어	느		날		아	주		이	상	한	∨
꿈	을		꾸	었	지	.								
꿈	속	에	서		멸	치		대	왕	이		하	늘	을	∨
오	르	락	내	리	락	,		구	름		속	을		왔	
다		갔	다	,		그	러	다	가		갑	자	기		
흰		눈	이		펄	펄		내	리	더	니		추	웠	

다가 더웠다가 하는 거야.
멸치 대왕은 무슨 꿈인지 몹
시 궁금했어.

♣ 오늘의 낱말

펄펄	뜻 눈이나 먼지 따위가 바람에 세차게 날리는 모양
	비 풀풀
	반
	쓰 눈이 펄펄 내리다.

♣ 오늘의 낱말을 넣어 문장을 만들어 봐요

예시 창밖에 흰 눈이 펄펄 내리기 시작했다.

내가 만든 문장

 나도 작가

♣ 낱말을 바꿔 써봐요

갑자기 흰 눈이 펄펄 내리더니 (추웠다가 더웠다가) 하는 거야.

예시 갑자기 흰 눈이 펄펄 내리더니 (바람마저 쌩쌩 부는) 거야.

내가 바꾼 낱말 갑자기 흰 눈이 펄펄 내리더니 (

) 하는 거야.

♣ 문장을 바꿔 이어 써봐요

옛날 동쪽 바다에 멸치 대왕이 살고 있었어.

예시 (몹시 바빴던 어느 날, 너무 피곤한 나머지 깜빡 잠이 들고 말았어.)

내가 바꾼 문장 (

)

꿈속에서 멸치 대왕이 하늘을 오르락내리락, 구름 속을 왔다 갔다, 그러다가 갑자기 흰 눈이 펄펄 내리더니 추웠다가 더웠다가 하는 거야.
멸치 대왕은 무슨 꿈인지 몹시 궁금했어.

기찬 딸

귀가 얼어 툭 건들면 쨍그랑 깨져 버릴 듯한 겨울 어느 날이었어요.

외할머니와 외할아버지는 기차를 타고 어디 먼 곳으로 가고 있는데요, 아직 외할머니 배 속에 있던 엄마는 발가락을 꼼지락대다가 갑자기 세상 구경이 빨리 하고 싶어졌대요.

"으윽…… 으음…… 아이고, 배야."

싸한 진통이 시작된 외할머니가 배를 감싸 안았어요.

4-2 『국어 활동』 9단원 **『기찬 딸』** 중에서

출처 | **『기찬 딸』** | 김진완 글 | 김효은 그림 | 시공주니어

예쁘게 따라 써봐요 ▶

귀	가		얼	어		툭		건	들	면		쨍	그	랑	∨
깨	져		버	릴		듯	한		겨	울		어	느		
날	이	었	어	요.											
외	할	머	니	와		외	할	아	버	지	는		기	차	
를		타	고		어	디		먼		곳	으	로		가	
고		있	는	데	요,		아	직		외	할	머	니		∨
배		속	에		있	던		엄	마	는		발	가	락	
을		꼼	지	락	대	다	가		갑	자	기		세	상	∨

구경이 빨리 하고 싶어졌대요. ∨
"으윽……   으음……   아이고,
배야."
싸한 진통이 시작된 외할머니
가 배를 감싸 안았어요.

♣ 오늘의 낱말

싸하다	뜻	아리고 매운 듯한 강한 느낌이 있다.
	비	아리다, 알싸하다, 매캐하다
	반	
	쓰	코가 싸하다. 싸한 느낌

♣ 오늘의 낱말을 넣어 문장을 만들어 봐요

예시   겨자를 먹자 코에 싸한 느낌이 들어 머리를 움켜쥐었다.

내가 만든 문장

♣ 낱말을 바꿔 써봐요

(귀가 얼어 툭 건들면 쨍그랑 깨져 버릴 듯한) 겨울 어느 날이었어요.

예시 (온 세상이 하얀 이불을 덮은 듯한) 겨울 어느 날이었어요.

내가 바꾼 낱말 (

) 겨울 어느 날이었어요.

♣ 문장을 바꿔 이어 써봐요

귀가 얼어 툭 건들면 쨍그랑 깨져 버릴 듯한 겨울 어느 날이었어요.

외할머니와 외할아버지는 기차를 타고 어디 먼 곳으로 가고 있는데요, 아직 외할머니 배 속에 있던 엄마는 발가락을 꼼지락대다가 갑자기 세상 구경이 빨리 하고 싶어졌대요.

"으윽…… 으음…… 아이고, 배야."

예시 (갑자스럽게 진통이 시작된 거예요.)

내가 바꾼 문장 (

)

139

어린 왕자

"세상에서 가장 어려운 게 뭔지 아니?"

"흠, 글쎄요. 돈 버는 일? 밥 먹는 일?"

"세상에서 가장 어려운 일은 사람이 사람의 마음을 얻는 일이란다."

생텍쥐페리 『어린 왕자』 중에서

✦ 예쁘게 따라 써봐요 ▶

"세상에서 가장 어려운 게 뭔지 아니?"
"흠, 글쎄요. 돈 버는 일?∨ 밥 먹는 일?"
"세상에서 가장 어려운 일은 ∨ 사람이 사람의 마음을 얻는 일이란다."

♣ 오늘의 낱말

글쎄	**뜻** 남의 말에 대해 분명하지 않은 태도를 나타낼 때 쓰는 말.
	비 글쎄다, 그러게
	반
	쓰 글쎄, 그렇다니까.

♣ 오늘의 낱말을 넣어 문장을 만들어 봐요

예시 글쎄, 그 이유는 나도 잘 모르겠는데.

―――――――――――――――――――――――――――――――

내가 만든 문장

♣ 낱말을 바꿔 써봐요

세상에서 가장 어려운 일은 사람이 (사람의 마음)을 얻는 일이란다.

예시 세상에서 가장 어려운 일은 사람이 (인심을)을 얻는 일이란다.

내가 바꾼 낱말 세상에서 가장 어려운 일은 사람이 (

)을 얻는 일이란다.

♣ **문장을 바꿔 이어 써봐요**

"세상에서 가장 어려운 게 뭔지 아니?"

"흠, 글쎄요. 돈 버는 일? 밥 먹는 일?"

예시   ("세상에서 가장 어려운 일은 서로 마음이 통하는 일이란다.")

내가 바꾼 문장   (

)

서시

죽는 날까지 하늘을 우러러 한 점 부끄럼이 없기를

잎새에 이는 바람에도 나는 괴로워했다.

별을 노래하는 마음으로 모든 죽어 가는 것을 사랑해야지.

그리고 나한테 주어진 길을 걸어가야겠다.

오늘 밤에도 별이 바람에 스치운다.

윤동주 『서시』 중에서

예쁘게 따라 써봐요 ▶

죽	는		날	까	지		하	늘	을		우	러	러
한		점		부	끄	럼	이		없	기	를		
잎	새	에		이	는		바	람	에	도		나	는
괴	로	워	했	다	.								
별	을		노	래	하	는		마	음	으	로		모	든	∨
죽	어		가	는		것	을		사	랑	해	야	지	.	∨
그	리	고		나	한	테		주	어	진		길	을
걸	어	가	야	겠	다	.							

오늘 밤에도 별이 바람에 스치운다.

◆ 오늘의 낱말을 익혀요 ▶

♣ 오늘의 낱말

우러르다	**뜻** 위를 향하여 고개를 정중히 쳐들다.
	비 쳐다보다, 우러러보다, 공경하다
	반
	쓰 모두 우러러 보는 완벽한 삶.

♣ 오늘의 낱말을 넣어 문장을 만들어 봐요

예시   태극기를 우러러 보며 국기에 대한 경례를 했다.

내가 만든 문장

나도 작가

♣ 낱말을 바꿔 써봐요

(별을 노래하는) 마음으로 모든 죽어 가는 것을 사랑해야지.

예시 (애정 어린) 마음으로 모든 죽어 가는 것을 사랑해야지.

내가 바꾼 낱말 (

) 마음으로 모든 죽어 가는 것을 사랑해야지.

♣ 문장을 바꿔 이어 써봐요

죽는 날까지 하늘을 우러러 한 점 부끄럼이 없기를

잎새에 이는 바람에도 나는 괴로워했다.

별을 노래하는 마음으로 모든 죽어 가는 것을 사랑해야지.

그리고 예시 (내 삶을 바르게 살아가야겠다.)

그리고 내가 바꾼 문장 (

)

오늘 밤에도 별이 바람에 스치운다.

45

행실은 반드시 정직해야 하고

행실은 반드시 정직해야 하고,

말은 미덥고 성실하게 하라.

책을 읽으며 부지런하고 검소한 것이,

집안을 일으키는 기본이다.

『사자소학』 중에서

★ 예쁘게 따라 써봐요 ▶

행	실	은		반	드	시		정	직	해	야		하	고	,	∨
말	은			미	덥	고		성	실	하	게		하	라	.	∨
책	을			읽	으	며		부	지	런	하	고		검	소	
한		것	이	,												
집	안	을		일	으	키	는		기	본	이	다	.			

♣ 오늘의 낱말

미덥다	뜻	믿음성이 있다.
	비	믿음직하다, 미쁘다, 믿음직스럽다
	반	못 미덥다.
	쓰	그 친구가 함께한다는 것만으로도 든든하고 미더웠다.

♣ 오늘의 낱말을 넣어 문장을 만들어 봐요

예시 내 친구는 말이 너무 많아 미덥지 않다.

내가 만든 문장

나도 작가

♣ 낱말을 바꿔 써봐요

행실은 반드시 (정직해야)하고, 말은 미덥고 (성실하게) 하라.

예시 행실은 반드시 (바르게)하고, 말은 미덥고 (거짓 없이) 하라.

내가 바꾼 낱말 행실은 반드시 (   )하고,

147

말은 미덥고 (   ) 하라.

♣ 문장을 바꿔 이어 써봐요

행실은 반드시 정직해야 하고,

말은 미덥고 성실하게 하라.

예시   (학생의 본분을 다해 열심히 공부하는 것이)

내가 바꾼 문장   (

)

집안을 일으키는 기본이다.

46

군자가 하지 말아야 할 세 가지

귀로는 남의 그릇됨을 듣지 않고

눈으로는 남의 단점을 보지 않고

입으로는 남의 허물을 말하지 않아야

군자라고 할 수 있다.

범립본 『**명심보감**』'정기(正己)'편 중에서

예쁘게 따라 써봐요 ▶

귀	로	는		남	의		그	릇	됨	을		듣	지
않	고												
눈	으	로	는		남	의		단	점	을		보	지
않	고												
입	으	로	는		남	의		허	물	을		말	하	지	∨
않	아	야											
군	자	라	고		할		수		있	다	.		

♣ 오늘의 낱말

군자	**뜻** 행실이 점잖고 어질며 덕과 학식이 높은 사람.
	비 성현, 현인, 대인
	반 소인
	쓰 성인군자

♣ 오늘의 낱말을 넣어 문장을 만들어 봐요

(예시) 소인은 돈을 주고받고, 군자는 아름다운 말을 주고받는다.

내가 만든 문장

 **나도 작가**

♣ 낱말을 바꿔 써봐요

입으로는 (남의 허물)을 말하지 않아야 군자라고 할 수 있다.

(예시) 입으로는 (욕)을 말하지 않아야 군자라고 할 수 있다.

내가 바꾼 낱말 입으로는 (   )을 말하지 않아야 군자라고 할 수 있다.

♣ 문장을 바꿔 이어 써봐요

귀로는 남의 그릇됨을 듣지 않고

눈으로는 남의 단점을 보지 않고

입으로는 남의 허물을 말하지 않아야

예시 (존경받는 사람이 될 수 있다.)

_____

내가 바꾼 문장 (

)

공부보다 우선해야 하는 것

공자께서 말씀하셨다.

"젊은이들은 집에 들어가서는 부모님께 효도하고 나가서는 어른들을

공경하며, 말과 행동을 삼가고 신의를 지키며,

널리 사람들을 사랑하되 어진 사람과 가까이 지내야 한다.

이렇게 행하고도 남는 힘이 있으면 그 힘으로 글을 배우는 것이다."

공자 『논어』 '학이(學而)'편 중에서

예쁘게 따라 써봐요 ▶

공	자	께	서		말	씀	하	셨	다	.		
"	젊	은	이	들	은		집	에		들	어	가	서	는	∨
부	모	님	께		효	도	하	고		나	가	서	는
어	른	들	을		공	경	하	며	,		말	과		행
동	을		삼	가	고		신	의	를		지	키	며	,	∨
널	리		사	람	들	을		사	랑	하	되		어	진	∨
사	람	과		가	까	이		지	내	야		한	다	.	∨
이	렇	게		행	하	고	도		남	는		힘	이

| 있 | 으 | 면 | | 그 | | 힘 | 으 | 로 | | 글 | 을 | | 배 | 우 |
| 는 | | 것 | 이 | 다 | . | " | | | | | | | | |

◆ 오늘의 낱말을 익혀요 ▶

♣ 오늘의 낱말

신의	뜻	믿음과 의리를 아울러 이르는 말
	비	의리, 믿음
	반	
	쓰	신의를 저버리다.

♣ 오늘의 낱말을 넣어 문장을 만들어 봐요

예시 내 친구는 끝까지 신의를 지켜줬다.

내가 만든 문장

 나도 작가

♣ 낱말을 바꿔 써봐요

젊은이들은 집에 들어가서는 (부모님께 효도하고) 나가서는 (어른들을 공경하며)

젊은이들은 집에 들어가서는 (부모님께 예의를 지키고) 나가서는

(주변 사람들에게 배려를 베풀며)

내가 바꾼 낱말 젊은이들은 집에 들어가서는 (   )

나가서는 (   )

♣ 문장을 바꿔 이어 써봐요

공자께서 말씀하셨다.

"젊은이들은 집에 들어가서는 부모님께 효도하고 나가서는 어른들을

공경하며, 말과 행동을 삼가고 신의를 지키며,

널리 사람들을 사랑하되 어진 사람과 가까이 지내야 한다.

예시 (그런 뒤 해야 하는 것이 공부다.")

내가 바꾼 문장 (

)

48

죄를 짓지 않으려면

병은 사람이 보이지 않는 곳에서 생기지만 한 번 발병하면 모두가 볼 수 있게 된다.

그러므로, 군자가 남들이 보는 곳에서 죄를 짓지 않으려면,

먼저 아무도 모르는 곳에서부터 죄를 짓지 말아야 한다.

홍자성 『채근담』 중에서

✎ 예쁘게 따라 써봐요 ▶

병은	사람이	보이지	않는	곳
에서	생기지만	한	번	발병하
면	모두가	볼	수	있게	된다. ∨
그러므로,	군자가	남들이	보
는	곳에서	죄를	짓지	않으려
면,
먼저	아무도	모르는	곳에서부
터	죄를	짓지	말아야	한다.

155

♣ 오늘의 낱말

발병	뜻	병이 남
	비	병 걸리다.
	반	치유
	쓰	발병되다, 발병하다

♣ 오늘의 낱말을 넣어 문장을 만들어 봐요

예시 그 친구는 암이 발병된 지 얼마 지나지 않아 죽었다.

내가 만든 문장

나도 작가

♣ 낱말을 바꿔 써봐요

(병)은 사람이 보이지 않는 곳에서 생기지만 한 번 (발병하면) 모두가 볼 수 있게 된다.

예시 (의심)은 사람이 보이지 않는 곳에서 생기지만 한 번 (싹 트면) 모두가 볼 수

있게 된다.

(   )은 사람이 보이지 않는 곳에서 생기지만

한 번 (   )하면 모두가 볼 수 있게 된다.

♣ 문장을 바꿔 이어 써봐요

병은 사람이 보이지 않는 곳에서 생기지만 한 번 발병하면 모두가 볼 수

있게 된다.

그러므로, 군자가 남들이 보는 곳에서 죄를 짓지 않으려면,

예시   (보는 이가 없을 때부터 죄를 짓지 말아야 한다.)

내가 바꾼 문장   (

)

157

송재환 쌤의 초4 국어교과서
따라쓰기 공부법

초판 1쇄 발행 2023년 10월 13일
초판 2쇄 발행 2024년 1월 16일

지은이 송재환
펴낸이 김종길 **펴낸 곳** 글담출판사 **브랜드** 글담출판

기획편집 이경숙 · 김보라 **영업** 성홍진
디자인 손소정 **마케팅** 김지수 **관리** 이현정

출판등록 1998년 12월 30일 제2013-000314호
주소 (04029) 서울시 마포구 월드컵로8길 41 (서교동 483-9)
전화 (02) 998-7030 **팩스** (02) 998-7924
블로그 blog.naver.com/geuldam4u **이메일** to_geuldam@geuldam.com

ISBN 979-11-91309-49-2 (03370)

만든 사람들 ————————————————
책임편집 이경숙 **디자인** 정현주

글담출판에서는 참신한 발상, 따뜻한 시선을 가진 원고를 기다리고 있습니다. 원고는 글담출판
블로그와 이메일을 이용해 보내주세요. 여러분의 소중한 경험과 지식을 나누세요.